휘둘리지 않기 연습

FURIMAWASARENAI RENSYU

JIBUN NO PACE WO MAMORUTAME NO 50 NO HINT

©Yoshihito Naito 2023

All rights reserved.

Originally published in Japan in 2023 by TOKUMA SHOTEN PUBLISHING CO.,LTD., Tokyo.

Korean translation rights arranged with TOKUMA SHOTEN PUBLISHING CO.,LTD. through Eric Yang Agency、Inc.

2024년 8월 25일 초판 1쇄 펴냄

지은이 나이토 요시히토

발행인 김산환

책임편집 윤소영

편집 박해영

디자인 윤지영

펴낸곳 꿈의지도

출력 태산아이

인쇄 다라니

종이 월드페이퍼

주소 경기도 파주시 경의로 1100, 604호

전화 070-7535-9416

팩스 031-947-1530

홈페이지 blog.naver.com/mountainfire

출판등록 2009년 10월 12일 제82호

ISBN 979-11-6762-106-1

'자신의 속도'를 확실히 지키기 위한 50가지 힌트

휘둘리지 않기 연습

나이토 요시히토 지음 | 이진아 옮김

꿈의지도

"하고 싶지도 않은 일을 항상 떠맡는다."

"솔직히 회식에 참여하고 싶지 않은데 잘 거절할 수 없다."

"상대의 기분을 상하게 하면 안 된다는 생각에 하고 싶은 말도 못한다."

"타인에게 미움받고 싶지 않고, 가능하면 원만하게 지내고 싶다."

그런 마음이 너무 강하여 남을 배려만 하느라 자신의 속도가 흐트러지지 않았나요?

주변과 원만하게 의사소통을 하는 것은 중요하지만, 방법이 틀리면 남에게 휘둘리기만 하는 인생을 살게 됩니다. 타인의 마음을 민감하게 감지하여 세심하게 배려하는 사람일수록 남에게 휘둘리는 경향이 강해지므로 주의해야 합니다.

현대인은 점점 나르시시스트가 되고 있다고 합니다.

미국 대학에서는 신입생에게 심리 테스트를 받게 하는 일이 많습니다. 샌디에이고 주립대학교의 진 트웬지 교수는 신입생에게 심리 테스트를 실시하는 85개 대학에 부탁해 1976년부터 2006년까지 신입생 16,475명의 데이터를 모아 나르시시스트 점수의 시대적 변화를 조사했습니다.

그러자 1982년부터 나르시시스트 점수는 계속 상승하여 2006년 학생의 3분의 2는 1979년부터 1985년까지 학생의 평균 점수를 크게 웃돌아 나르시시스트 정도가 30%나 높아진 것을 알 수 있었습니다.

이것은 미국의 데이터지만, 일본이나 한국도 아마 크게 다르지 않겠지요. 현대인은 옛날 사람보다 훨씬 자기중심적이고 타인의 일에 무관심합니다. 앞으로는 자기 멋대로 행동하는 사람들도 점점 더 늘어날 것입니다. 그렇기에 더욱 '남에게 휘둘리지 않는 연습'을 해두는 것이 중요합니다.

현대를 살아가는 우리에게는 그야말로 필수 기술이라고 해도 과언이 아닙니다.

부디 이 책을 읽고 제멋대로인 타인으로부터 자신을 지키는 방법을 익히세요. 여러분의 마음에 쌓인 불필요한 피로가 점점 해소될 거예요. 그럼 마지막까지 재미있게 읽어 주세요. ☺

목
차

2장 자신의 속도 되찾기

3장 불편한 타인 피하는 법

4장 행동을 바꾸면 마음도 바뀐다

1장

휘둘리는 게 당연

01

환경의 변화에

대처하지 못할 수 있다

니다. 비대면 재택근무가 일하기에 오히려 편했다고 느끼는 사람이 대다수라는 게 이 데이터를 통해 드러났어요. 과연 출근을 하고, 안 하고에 따라 업무 효율이 정말 달라질까요?

그 점에 대해서는 '그렇게 생각한다 및 다소 그렇게 생각한다'(46.7%)라고 답한 사람이 가장 많았다고 합니다. 그런데 '그렇게 생각한다' 라고 답변한 사람들에게 출근과 재택근무 중 어느 쪽에 메리트를 느꼈는지 묻자, 절반을 넘는 64.7%가 '재택근무의 매력이 출근을 웃돈다'고 답변했습니다. 그 이유는 출퇴근 스트레스가 없고 자유시간이 늘었다는 것이었습니다.

"코로나 때가 더 일하기 편했다."

이런 마음이 들면 다소 걱정되거나 불안한 사람이 있을지 모릅니다. 당연합니다. 그러나 대다수 사람들도 마찬가지이니 안심하세요. 다들 출퇴근을 힘들어하는구나 생각하면 조금 마음이 편해질지도 모릅니다.

02

어중간한 결과를 추구하는 쪽이

행복도는 높다

"저 사람에겐 지지 않겠어."

경쟁심을 갖는 것은 자신의 모티베이션 즉 동기를 높이는 데 도움이 될지도 모릅니다. 그러나 모든 일에 남을 의식하며 경쟁심을 갖다 보면 마음이 쉴 틈이 없습니다.

기쁘다가 금방 우울해지는 등 감정 기복도 롤러코스터처럼 심해지고 신경도 예민해지죠.
자신의 속도를 지킬 여유도 잃게 됩니다.

특히 섬세한 마음을 지닌 사람일수록 타인과 경쟁하는 건 피하는 게 좋습니다. 그래도 경쟁할 수밖에 없을 때는 이런 식으로 생각해 보세요.

"나는 3등 정도면 돼."

절대 1등을 노리지 않고 적당한 포지션을 노리는 겁니다.

3등의 만족도는 의외로 높다?

코넬 대학교의 빅토리아 메드벡은 바르셀로나 올림픽에 참가한 선수가 시상식에서 지은 표정을 분석한 바 있습니다.

가장 행복해 보이는 사람은 물론 금메달리스트. 당연히 쉽게 상상할 수 있죠. 그럼 다음으로 행복한 표정을 지은 사람은? 은메달리스트인가 싶지만 그렇지 않았습니다.

금메달리스트 다음으로 행복해 보이는 사람은 동메달리스트였습니다. 은메달리스트는 결승에서 지고 2등을 차지했죠. 때문에 분한 마음이 남아 있어 마냥 기쁘지 않습니다. 동메달리스트는 자칫 졌으면 메달권 밖으로 밀려났을 뻔했기에 3등을 한 기쁨도 한결 큽니다.

만약 어떤 콘테스트나 경쟁이 벌어진다면 치열한 경쟁에 휘말리지 않도록 처음부터 3등 정도면 괜찮다고 생각해 봐요. 그래야 정신적으로 지치지 않습니다.

경쟁보다는 조화를 중요하게 생각하면 여유가 생깁니다.

승부의 세계에서 벗어나는 게 스트레스를 줄이는 현명한 방법. 상대에게 승리를 양보하여 '품격 있다' '신중하다'는 인상을 주면서 여유로운 사람으로 비치면 오히려 자신의 호감도를 높일 수 있어요.

03

즐겁게 일하는 비결은
'경쟁하지 않는 것'

경쟁하지 않아야 즐기는 시간이 길어진다

	경쟁 있음	경쟁 없음
남성 피험자	105.2초	143.1초
여성 피험자	55.9초	170.8초

(출처: Deci, E. L., et al., 1981)

경쟁하지 않는 것의 이점은 괜한 스트레스를 받지 않아도 되는 것뿐만이 아닙니다.

미국 로체스터 대학교의 에드워드 데시는 남녀 각 40명의 참가자들에게 퍼즐 조각을 맞춰 그림을 완성하는 작업을 시켰습니다.

동성끼리 작업하면서 절반의 모둠에는 "상대와 경쟁하여 되도록 빠르게 맞추길 바란다"고 전하고, 나머지 절반에게는 "가능한 한 빨리 맞춰 달라"라는 말만 전했습니다.

실험이 끝나고 잠시 자유시간을 주었을 때 참가자들이 얼마나 퍼즐을 갖고 노는지 몰래 측정하였습니다. 실험은 이미 끝났으므로 오래 퍼즐을 맞출수록 '이 작업이 재미있다'라고 느꼈다고 추측할 수 있습니다. 그러자 위와 같은 결과가 나왔습니다.

남성도 여성도 경쟁하지 않는 쪽이 자유시간에 더 많이 놀았습니다. 퍼즐을 푸는 것이 즐거워졌겠지요. 데시에 따르면 타인과 경쟁하려고 하면, 의욕이 없어지고 재미도 느끼지 못하게 된다고 합니다.

업무는 스스로 즐겁게 임하는 것

아마 자신의 일이 따분하다고 느끼는 사람은 다른 누군가와 경쟁하고 있기 때문이 아닐까요? 다른 동료들보다 매출 성적을 잘 내고 싶다는가, 동기 중에 최고가 되고 싶다든가 하는 경쟁심을 갖게 되면 일이 따분해지기 십상입니다.

물론 모든 경쟁이 나쁘지는 않습니다. 예를 들면 자신과의 승부. 과거의 자신과 비교하여 현재의 자신이 작업을 마치는 속도가 더 빨라졌다든가, 수준 높은 업무가 가능해졌다든가 자신의 성장에 초점을 맞춘 승부라면 자꾸자꾸 해봅시다. 자신과의 경쟁이라면 의욕도 꺾이지 않고 게임처럼 느끼므로 일도 조금은 재밌어질 거예요.

일을 자신의 취미 같은 것이라고 여기려면 우선 타인과 자신을 비교하지 않아야 합니다. 단단히 조인 경쟁심을 조금 풀어놓아야 스스로 즐겁게 일할 수 있습니다.

04

좋은 성적을 내는 사람일수록

경쟁하지 않는 이유

우리는 직장에서 뛰어난 성적을 내는 사람일수록 지기 싫어하고 타인과 자꾸 충돌하는 것이 아닐까 생각하기 쉽지만, 현실은 완전히 반대라는 걸 알아두어야 합니다.

하버드 비즈니스 스쿨의 보리스 그로이스버그는 62개 투자은행의 애널리스트에 대하여 〈인스티튜셔널 인베스터〉라는 잡지에서 각 애널리스트의 랭킹을 조사하는 반면, 동료들과의 관계도 조사하였습니다. 그 결과 톱 클래스의 애널리스트일수록 동료들과의 관계가 나쁘기는커녕 '매우 양호'하다는 것을 알아냈습니다.

톱 클래스의 애널리스트가 왜 관계까지 상위권을 유지할 수 있을까? 동료를 이기기 위해 신경전을 벌이면서 예민해지는 상황을 가급적 줄이기 때문입니다. 인간관계가 편안하고 좋으면 동료들도 기쁘게 도와주기 때문입니다. 그래서 그들은 오히려 1등이 될 수 있었습니다.

타인과 껄끄러운 관계가 되면 일에 집중하지 못합니다. 그러면 좋은 성적을 낼 수 없습니다. 톱 클래스의 애널리스트는 그 부분을 잘 알고 있기에 동료들과 원만한 관계를 유지하는 것입니다.

"나 좀 도와줘"

또 다른 사례도 소개하겠습니다.

미국에는 벨 연구소라는 유명한 과학계 싱크탱크가 있습니다. 거기서 일하는 연구원은 각 방면에서 모인 우수한 기술자와 연구자뿐입니다. 그래도 연구원의 실력에는 차이가 있어서 그중에서도 돋보이는 '스타' 연구원이 있습니다.

그곳에서 스타 연구원이라 평가받는 상위 15%와 그 외 연구원은 무엇이 다른가 조사하자, 재미있는 사실이 밝혀졌습니다. 스타 연구원 쪽이 네트워크 형성에 적극적이었던 것입니다.

스타 연구원은 곤란한 일이 있으면 바로 "나 좀 도와줘"라고 부탁할 수 있는 사람이 많았습니다. 평범한 연구원은 문제를 스스로 해결하려고 하였습니다. 이것이 큰 차이였습니다. 이 사례는 《반상식의 대인심리학(아이카와 아쓰시, 한국산업훈련소)》이라는 책에 나온 것인데 어느 업계의 선두주자든 동료들과의 관계가 매우 양호했다는 것을 알 수 있습니다.

톱 클래스의 사람일수록 타인과 원만한 관계를 만드는 것을 중요하게 여깁니다. 일반적인 이미지와는 전혀 반대이므로 놀랍죠.

가능하면 적을 만들지 않고 아군을 만들도록 신경 쓰는 쪽이 일도 잘된다는 것을 기억해 둡시다.

05

프로도 압박감에 짓눌린다.

당신이 짓눌리는 것도 당연

프로야구 선수는 최고의 기량을 발휘하기 위해 전문가에게 부탁하여 멘탈 트레이닝을 받습니다.

멘탈 트레이닝을 받고 있으니 압박감은 받지 않는가 하면 그렇지도 않습니다. 프로라고 해도 역시 인간이므로 압박감에 짓눌리는 일이 적지 않습니다.

미국 플로리다주에 있는 에커드 대학교의 마크 데이비스는 적어도 연간 160타석 이상 출전한 300명의 메이저리그 선수의 타율을 조사하였습니다. 무엇을 조사하였는가 하면, 압박감을 느끼는 상황에서의 퍼포먼스입니다.

전반 이닝보다 후반 이닝이 압박감은 더 커지겠지요. 그렇기 때문일까요. 전반 이닝에서는 평균 타율이 2할 6푼 2리였지만, 후반 이닝에서는 타율이 2할 4푼 5리로 떨어진 것을 발견했습니다.

또한 노 아웃 때보다 투 아웃이 되었을 때 타자에게 더 큰 부담이 생길 텐데, 이때에도 타율이 떨어졌습니다. 노 아웃일 때의 타율은 2할 8푼 6리인데, 투 아웃일 때는 2할 3푼 1리였습니다.

데이비스의 연구는 결국 프로 선수라고 해도 압박감에는 약하다는 것을 밝혀냈다고 할 수 있겠죠.

나만 마음이 약한 것이 아니다

프로라도 부담을 느낄 상황에서는 제대로 힘을 내지 못하므로, 아주 평범한 일반인인 우리가 압박감에 짓눌리고 마는 것은 어쩌면 당연합니다. 마음이 괜찮을 리가 없습니다.

누구나 압박감을 느낄 수밖에 없다고 인정하면 업무 부담도 그리 무섭지는 않을 거예요. 실패해도 너무 심하게 가슴앓이할 필요는 없다고 자신을 설득하는 것도 가능합니다.

다른 사람 앞에서 말할 때 목소리가 떨린다든가, 제대로 말할 수 없어서 고민하는 사람도 있겠지요. 클라이언트 앞에서 기획을 프레젠테이션할 때마다 "난 왜 이렇게 잘하지 못할까?" 자책할 때도 있습니다.

만약 그런 고민이 있다면 "프로도 못하니까!"라고 생각해 보십시오. 어떤 직종의 프로라도 압박감을 이기는 건 쉽지 않습니다.

"인간이라면 누구나 그렇다.
나만 마음이 약한 것이 아니다."

그렇게 생각하면 제대로 하지 못해도 크게 좌절하거나 신경 쓰지는 않을 거예요.

06

음악이
압박감을 덜어준다

텔레비전을 보면 스포츠 선수가 워밍업할 때 이어폰을 끼고 음악을 듣는 장면을 자주 보게 됩니다. 이유가 무엇일지 궁금하게 여긴 적이 있을지도 모르지만, 실은 그 행동에는 큰 이유가 있습니다.

오스트레일리아에 있는 빅토리아 대학교의 크리스토퍼 메사노는 적어도 5년 이상 경험이 있는 농구선수 중 쉽게 불안을 느끼고, 갑자기 숨이 막히는 듯한 증상이 있어 고민인 남성 24명, 여성 17명을 모아 자유투를 열 번 던지게 했습니다.

먼저 아무도 없는 곳에서 자유투를 열 번 던지게 하자, 대체로 60% 정도의 성공률을 보였습니다.

이어서 여덟 명의 팀원이 보는 앞에서 마찬가지로 자유투를 열 번 던지게 했습니다. 다른 사람에게 보여진다는 압박감을 느끼기 때문인가 이때는 성공률이 약 50%로 떨어지고 말았습니다.

마지막으로 이어폰을 끼고 몬티 파이선의 'Always look on the bright side of life'라는 노래를 들으며 역시 팀원이 보는 앞에서 자유투를 던지게 하였습니다. 그러자 약 70% 정도로 성공률이 올라 갔습니다.

부적 대신 음악을 이용하자

압박감을 느끼는 상황이라도 음악을 들으면 마음이 편안해져 평소보다 더 성과를 낼 수 있게 됩니다.

금방 긴장하는 사람이나 평소에 큰 불안을 쉽게 느끼는 사람은 스마트폰에 좋아하는 음악을 준비해 두고 불안할 때 들어봅시다. 그러면 간단하게 릴랙싱할 수 있습니다.

음악은 부적 대신 쓸 수도 있습니다.

"좋아하는 음악을 듣기만 하면 나는 평소처럼 자연스러움을 되찾을 수 있다"고 생각하면 설령 음악을 듣지 않더라도 안심할 수 있습니다. 저도 긴장하기 쉬운 타입이므로 언제든지 음악을 들을 수 있도록 준비해 둡니다. 어떤 장르의 음악이라도 괜찮습니다. "이걸 들으면 바로 진정돼" 하는 음악을 많이 찾아봅시다.

07

압박감을 느끼는 것은

당신이 뛰어나기 때문

압박감이 주는 영향에 대하여 앞에서 말했지만, 압박감에는 좋은 측면도 있습니다. 깜짝 놀랄지도 모르지만 정말입니다. 압박감은 다르게 전환하면 '의욕'의 에너지로 바꿀 수 있기 때문입니다.

뉴질랜드의 국기國技는 럭비입니다. 럭비 대표팀인 올 블랙스의 선수는 엄청난 압박을 받습니다.

그럼 선수들은 어떻게 압박감을 버티고 있을까요?

오타고 대학교의 켄 호지는 올 블랙스의 코치와 선수들을 인터뷰하며 방법을 찾아보았습니다.

그 결과 코치는 선수의 압박감을 의욕으로 바꾸고 있는 것을 알 수 있었습니다. "압박감을 느끼는 것은 너희의 특권이야. 강함을 인정받았기에 압박감을 느끼는 거니까" 하는 마인드셋(마음가짐)을 지니게 하여 압박감을 의욕으로 이어주었습니다.

약한 팀에는 압박감이 없습니다. "어차피 못 이길 것이다"라고 판단하면 어떤 언론도 다루지 않습니다. 강해져야만 언론이 앞다투어 보도합니다. 코치는 압박감이 기대와 관심에서 온다는 걸 선수들에게 가르쳐주었습니다. 업무에서 압박감을 느끼면 그것을 의욕으로 잘 바꿔나가야 합니다.

"이것으로 나는 한 단계 더 올라갈 수 있다"

"이렇게 어려운 일을 맡긴 것은 내가 기대받고 있기 때문이다."

"일을 잘하는 사람이라고 생각했기에 나에게 의뢰한 것이다."

이런 식으로 생각을 전환하는 게 포인트입니다.

달인은 어려운 주문이 들어오면 "큰일 났네"라고 입으로는 말하면서 매우 흐뭇한 표정을 짓는다고 합니다. 아마 어려운 일이기에 오히려 '도전 정신이 불타오르는 상태'가 되는 게 아닐까 추측합니다. 압박감은 의욕으로 바꿀 수 있습니다.

경험해 보지 않은 일을 맡거나 다른 분야의 일을 하게 되면 대부분의 사람은 부담스럽겠지만, 그럴 때는 "어떡하지?"가 아니라, "재미있을 것 같네!" 하고 소리내어 말해보는 것도 좋습니다.

어려운 일이라고 거절하면 언제까지고 자신의 경험치는 쌓이지 않습니다. "이것으로 나는 한 단계 더 올라갈 수 있다"며 기뻐해야 합니다.

08

타인은
당신의 부정적인 부분을
잘 모른다

우리는 자신을 객관적으로 평가할 수 없습니다.

타인의 눈에서 보면 충분히 잘하고 있는데 본인은 그다지 잘하고 있다는 생각이 들지 않는 것입니다. 자기주장이 약해서 타인에게 휘둘리기 쉬운 사람은 특히 그런 경향이 강합니다.

캐나다에 있는 브리티시 컬럼비아 대학교의 린 앨든은 자기주장을 측정하는 테스트를 받게 하여 자기주장을 잘하는 사람과 서툰 사람을 모았습니다.

그리고 두 그룹에 역할 연기 실험이라는 명목으로 상대의 제안을 거절하거나 상대와 다른 의견을 내놓게 하였습니다. 그리고 "당신은 얼마나 자기주장을 잘하였습니까?"라고 물었습니다.

그 결과 자기주장이 서툰 사람은 "목소리가 떨리고 무척 서툴렀다" "횡설수설하느라 무슨 말을 했는지 잘 모르겠다"라며 자신을 몹시 낮게 평가했습니다.

이어서 참가자들이 자기주장을 펼치는 모습을 비디오로 녹화하여 다른 판정자에게 보여주고, "이 사람은 얼마나 자기주장을 잘하고 있습니까?"라고 물었어요. 그러자 판정자는 자기주장을 잘하는 사람도, 서툰 사람도 모두 매끄럽게 말했고, 불안도 느끼지 않은 듯 보였다고 대답했습니다.

결국 "제대로 말하지 못했다"는 것은 본인의 편견에 지나지 않는다는 것이 드러났죠. 타인이 보기에는 자신이 걱정하는 것보다 충분히 잘 말하고 있었습니다.

조금만 더 자신에게 후한 점수를 주자

우리는 자신에게 매우 나쁜 점수를 매기곤 합니다. 그러나 그것은 본인의 부정적인 편견 때문입니다.

본인은 손과 목소리가 떨리는 듯 느꼈을지도 모르지만, 그것을 보는 사람은 알아차리지 못하는 수준입니다. 나쁜 평가를 내린 사람은 자신뿐이고, 타인은 그렇게 생각하지 않는다고 여기는 것이 좋습니다. 앨든의 실험으로 밝혀졌듯이 실제로 그러니까요.

자신에게 엄격한 것은 인간으로서 미덕이고, 자신에게 엄격하기에 자기 성장도 가능한 것이므로 결코 나쁘다고는 생각하지 않습니다. 단, 그것도 정도의 문제로 너무 자신을 책망하거나 괴롭히는 것은 좋지 않습니다.

조금만 더 자신에게 후한 점수를 주어도 괜찮지 않을까요?

09

30%의 사람에게 호감을 얻으면
성공적이라고 생각한다

100명과 만나서 100명 모두에게 호감을 얻는 것은 불가능해요. 아무리 노력하더라도 자신에게 혐오감을 느끼는 사람이 있는 법입니다. 즉, '누구에게나 사랑받는 것'은 이룰 수 없는 일이며, 현실과 동떨어진 바람이기도 하죠.

마쓰코 디럭스[1]나, 아야세 하루카[2]처럼 항상 연예인 호감도 순위 상위권에 있는 사람조차 싫다고 느끼는 사람이 적지 않습니다. 아무리 매력적인 사람이라도 그 사람에 대한 안티는 반드시 존재합니다.

호감도가 높은 연예인조차 모든 사람에게 사랑받는 일은 불가능한데, 유명인도 아닌 우리가 모든 사람에게 호감을 얻을 수야 있겠어요?

그러니 미움받는 것에 과잉 반응하는 것은 그만두기로 합시다. "100명과 만나면 그중 40명, 아니 30명에게 호감을 얻으면 아주 충분해"라고 객관적으로 생각해야 합니다. 그런 마음가짐으로 사는 쪽이 만약 다른 사람에게 험담을 듣거나, 마음에 없는 소리를 듣더라도 신경 쓰지 않고 넘기기에 좋습니다.

편집자 주 1) 일본의 여장남자 탤런트
2) 일본의 국민 배우

미움받는 것을 당연하게 받아들이자

캐나다에 있는 맥길 대학교의 시갈릿 로렌은 다섯 개의 호텔 체인에서 일하는 종업원 213명을 조사하여 직장에서 타인에게 거절당하는 것에 민감해지는 사람일수록 스트레스를 받기 쉽고, 감정적인 피로를 느끼기 쉬우며, 번아웃 증후군이 오기 쉬워진다는 것을 알아냈습니다.

미움받는 것에 과민 반응해서는 안 됩니다. 오히려 미움받는 것은 매우 일상적으로 일어나는 것이라 여겨야 해요. 만약 미움받더라도 당연한 일이 당연하게 일어났다고 생각하는 거죠.

타인에게 미움받더라도, 거절당하더라도 "흐음, 그래서 뭐?" 하고 태연한 얼굴로 지내는 것이 포인트입니다. 미움받는 일은 종종 있으므로 일일이 예민하게 반응하지 않도록 하자는 것입니다.

현실적으로 10명 중 두세 명에게 호감을 얻으면 이미 충분히 합격점이에요. 너무 많은 것을 바라지 않도록 합시다.

'기대'는 극약

압박감을 느낄 때는 "나는 기대받고 있는 거야"라고 긍정적으로 생각하자는 이야기를 했습니다.

여러분을 휘두르는 압박감을 견디는 데 이것이 매우 좋은 사고방식임은 틀림없습니다. 기대는 기쁨과 의욕을 일으키고, 긍정적인 기분을 만드니까요.

반면에 과도한 기대를 지나치게 느끼면 더 큰 압박감에 짓눌리고 마는 위험성이 있습니다. 기대는 극약이라는 말입니다.

여기서는 기대감을 컨트롤하는 방법을 설명하겠습니다.

오슬로에 있는 노르웨이 스포츠 사이언스 스쿨이라는 공립대학의 게아 요레는 1982년부터 2006년까지 FIFA 월드컵, 1976년부터 2004년까지 UEFA 유럽 축구 선수권 대회의 PK 데이터를 조사하였습니다. 그 결과 네덜란드, 영국 등 많은 타이틀을 획득한 강호국일수록 무슨 까닭인지 'PK는 실패하기 쉽다'는 것을 알아냈습니다. 영국의 PK 성공률은 67.7%이고, 네덜란드는 66.7%였습니다. 참고로 축구 대국이 아닌 체코의 PK 성공률은 100%였습니다.

왜 축구 강호국 선수일수록 PK에 실패하는 것일까요?

그 이유는 압박감. 본래 PK는 공을 차는 쪽이 유리하여 골을 넣는 것도 어렵지 않습니다.

그 때문에 공을 차는 사람은 "당연히 골을 넣어야지" 하고 기대받습니다. 이것이 선수에게 큰 부담을 주는 것입니다. 괜한 기대가 실패를 불러왔다고도 할 수 있습니다.

° 미리 허들을 내려둔다

업무도 그렇습니다.

기대받는 것을 지나치게 의식하면 그것이 압박감이 되어 평소처럼 자연스럽게 행동할 수 없게 됩니다. 따라서 상대의 기대감이 너무 크다고 느껴지면 "그렇게 기대하지 마세요" 하고 미리 허들을 내려두는 쪽이 평소와 같은 능력을 발휘할 수 있을 거예요.

저는 지금까지 3백 권 가까이 책을 내고 있기 때문인가 때때로 편집자에게 믿을 수 없을 만큼 큰 기대를 받을 때가 있습니다.

"나이토 선생님이 집필해 주시면 이번 책은 베스트셀러 확정이네요."
이런 식의 말을 들었을 때 저는 바로 부정해 둡니다.
"에이, 설마 그럴 리가요. 원고야 열심히 쓰겠지만, 팔린다는 보장은
못 하겠네요."

상대가 과도하게 기대하지 않도록 해두지 않으면 긴장하여 글쓰기에
집중할 수도 없습니다. 책이 팔리지 않을 경우, 상대가 실망할 것이 눈
에 선하기 때문입니다. 따라서 미리미리 기대감을 내려두라는 말을 전
하는 편이 좋습니다.

2장

자신의 속도 되찾기

10

아침에 일어나

책상 앞에 앉으면 생각할 것

업무 생산성은 일을 시작할 때 기분에 따라 정해집니다.

"오늘 회의, 엉망일 것 같아서 싫은데."

"자료 작성, 기획서 작성, 회의 3건⋯⋯. 오늘도 지옥 같은 하루야."

아침부터 이런 마음으로 출근했나요?

일을 시작할 때는 먼저 마음을 정돈해요. 부정적인 감정에 사로잡힌 자신을 찬찬히 들여다보면서 최대한 긍정적인 생각으로 바꾸어야 합니다.

그렇게 억지로라도 기분을 끌어올리면 생산성도 따라서 올라간다는 사실이 심리학 실험으로 밝혀졌습니다. 펜실베이니아 대학교의 낸시 로스바드는 대형 생명보험회사의 콜센터 담당, 고객 서비스 담당, 클레임 처리 담당자들을 모아서 약 3주 동안 조사를 실시했습니다.

뭐냐 하면, 매일 아침 자리에 앉아 일을 시작할 때의 기분이에요. 신나는 기분인지, 불쾌한 기분인지 알아보았습니다. 또 회사의 기록으로 그날의 생산성도 확인했습니다. 생산성은 통화 시간, 컴퓨터에 로그인한 시간, 한 시간당 전화를 건 횟수 등으로 측정하였습니다.

그 결과 매우 재미있는 것을 알 수 있었습니다.

일을 시작할 때의 기분이 긍정적이면 그날의 생산성이 높아지고, 반대로 일을 시작할 때 기분이 부정적이면 생산성은 별로 높지 않았습니다.

'무슨 일이든 처음이 중요하다'라고 하는데 업무 역시 그렇죠.

즐거운 기분으로 시작하면 지겹다고 짜증 내면서 시작할 때보다 훨씬 부드럽게 자신의 속도로 일을 잘할 수 있게 됩니다.

아침밥으로 노란 음식을

"그런데 구체적으로 어떻게 하면 행복한 기분이 드는지 모르겠으니 그걸 알려주세요." 이렇게 말할 독자도 있을 테니, 행복해지는 방법을 설명해 줄게요.

제가 추천하는 좋은 방법은 아침밥으로 노란색 음식을 먹는 것이에요. 노란색 음식은 도파민 같은 행복 호르몬을 분비해 줘서 누구나 빠르게 행복해질 수 있습니다.

영국 〈선데이 익스프레스〉 잡지의 조사에 따르면, 오믈렛을 먹으면 기운이 난다고 대답한 사람이 61%, 마카로니 치즈가 55%, 바나나도 55%, 팬케이크가 54%였습니다.

일단 노란색이기만 하면 무엇이든 괜찮습니다. 개인적으로는 바나나가 편하게 먹을 수 있어서 좋더라고요.

아침밥을 먹지 않는 사람도 있겠지만, 노란색 음식을 먹고 행복 호르몬을 많이 분비시킨 다음 업무를 시작하면 본인도 놀랄 만큼 업무 생산성이 높아질 것입니다. 한번 시험해 보세요.

11

대부분의 상사는

솔직한 의견을 바라지 않는다

사회인이 되면 빈말과 본심의 차이를 제대로 이해해야 합니다. 사회생활은 많은 빈말로 이루어져 있습니다. 기본적으로 빈말을 통해 눈치를 보며 행동하는 것이 좋아요. 곧이곧대로 너무 진지하게 받아들이면 실패를 불러오는 경우도 있습니다. 빈말에 우롱당하지 않기 위해서는 그 뒤에 숨은 본심을 파악하는 것이 중요합니다.

예를 들어 회의 시간에 상사가 "생각한 바를 무엇이든 말해보게"라고 제안했다고 해봅시다. 그것을 진지하게 받아들인 당신이, "그럼 제 의견을 솔직히 말씀드리겠습니다……" 하고 상사의 방침에 정면으로 이의를 제기했다면 어떨까요. 점점 상사의 안색은 달라지고 당신의 의견에 엄격한 반론이 펼쳐지며……. 이런 사태는 어떤 회사에서도 일어나는 일이겠죠.

상사의 제안은 자유로운 분위기의 회의를 연출하기 위한 빈말입니다. 본심으로는 자신의 방침을 승인시키고 싶은 것입니다. 그렇다면 처음부터 빈말 따위는 하지 말라고 불평하고 싶겠지만, 이런 불합리한 일이 버젓이 일어나는 것도 사회적 언어의 한 측면이라고 이해해야 합니다.

오하이오 주립대학교의 스티븐 카는 한 제조공장과 보험회사에서 일하는 사람들에게 '보스에게 절대복종'이란 말에 대하여 어떻게 생각하는지 물었습니다.

그러자 한 부서의 관리직 직원 88%는 이 말에 반대했습니다. "우리 회사에 예스맨은 필요 없다"라는 것입니다. 그런데 일반 직원은 어땠을까요? 37%는 예스맨이 되는 것에 찬성했습니다. 또 다른 부서도 마찬가지였어요. 관리직의 80%가 예스맨은 곤란하다며 '보스에게 절대복종'이란 말에 동의하지 않았어요. 찬성한 사람은 겨우 10%뿐이었습니다. 그런데 역시나 일반 직원의 19%는 예스맨이 되는 것에 찬성하였습니다.

윗사람의 생각이 반드시 아랫사람의 생각과 일치하지는 않습니다.

"예스맨 따위는 필요 없다"라고 생각하는 상사라도, 부하가 무언가 반대 의견을 내놓는다면 갑자기 불쾌해지겠죠. 즉, 그것은 그냥 빈말입니다. 일반 사원은 그런 현실을 정확히 알고 있으므로 예스맨이 되려고 하는 것입니다.

매사를 솔직하게 받아들이면 안 됩니다. 솔직한 것은 좋은 것이지만, '쓸데없이 솔직'해서는 살아갈 수 없습니다.

　캐나다에 있는 토론토 대학교의 소니아 칸은 '다양성 대환영'을 내세운 기업이라도 마이너리티한 사람을 진짜 대환영하는 곳이 있는가 하면, 실제는 절대 그렇지 않고 직원을 채용할 때 오히려 차별하는 기업도 있다는 걸 밝혀냈습니다. '다양성 대환영'이라고 내세운 것은 어디까지나 빈말에 불과합니다.

　겉과 속이 다른 것은 종종 있는 일입니다.

　세상은 이상적인 일만 있지 않습니다. 본질을 파악하고 빈말에 휘둘리지 않도록 주의해야 합니다.

12

무난한 행동이

당신을 지킨다

비즈니스 책을 읽으면 'Creativity(창의성)'라는 말이 굉장히 자주 나옵니다. 앞으로는 창의적인 사람이 되어야 한다는 것입니다. 많은 기업에서 "창의적인 사람을 찾습니다!"라는 말을 내세우는데 정말일까요?

대부분의 기업에서는 그런 사람을 원하지 않습니다.

펜실베이니아 대학교의 제니퍼 뮬러는 실험 참가자들에게 그룹을 만들도록 하고 "항공회사가 더욱 이익을 내려면 어떻게 하면 좋을까요?"라는 테마로 토의하게 하였습니다.

이때 참가자 중 절반에게는 "가능하면 창의적인 의견을 내주세요"라고 주문하였습니다. 나머지 절반에게는 "너무 기발하지 않은 아이디어를 말해주세요"라고 부탁했습니다.

창의적인 아이디어를 내달라는 요청을 받은 사람은 "비행기 안에 카지노를 만드는 건 어떨까" 같은 아이디어를 내놓았고, 기발하지 않은 아이디어를 내달라고 요청받은 사람은 "기내식을 유료로 하면 좋지 않을까" 하는 보수적인 의견을 내놓았습니다.

토의가 끝나고 멤버에게 평가를 내리게 하자, 창의적인 의견을 내도록 요청받은 사람일수록 다른 멤버에게 나쁜 평가를 받은 것을 알 수 있었습니다.

창의적인 의견을 내도록 요청받은 사람은 참신함을 추구한 나머지 주변에 장난스럽다는 인상을 주고 만 것이겠죠.

레깅스 입고 회사에 갈 수 있나요?

기본적으로 보수적이고 무난하게 행동하는 쪽이 문제를 일으키지 않고 매사 조용히 넘어갈 수 있습니다.

"캐주얼 데이니까 복장은 편하게 입어도 괜찮다"라고 해도, 저라면 너무 파격적인 옷은 입지 않을 거예요. 그래야 문제가 없기 때문이죠.

파티 안내장에 '평상복'이라고 쓰여 있어도 정말 평소처럼 청바지 입고 가는 사람은 거의 없습니다. 포멀한(격식을 차린) 옷을 차려 입겠죠.

사회 풍조는 점점 변화하겠지만, 인간의 마음은 그리 빨리 변화하지 않습니다. '평상복'이라는 겉으로 드러난 말에 망설여진다면, 최대공약수가 어디에 있을지 의식해 봅시다. 이 경우 정답은 '포멀'입니다.

무언가 특이한 행동을 하면 '모난 돌이 정 맞는다'라는 핀잔을 듣죠. 파격적인 행동을 해봤자 주위 사람에게 나쁜 인상을 주는 것이 고작입니다.

어쨌든 무난한 것은 평범해 보이기 쉽지만, 적어도 남의 입에 오르내릴 수 있는 행동을 피하면 평화롭게 살 수 있습니다. 그러면 사회적 포지션으로서 괜찮은 선택지가 아닐까요?

13

마음에 여유를 갖기 위해

최악을 예상해 두자

우리의 예상은 왠지 안이하기 마련입니다. 업무 계획을 세울 때는 각 과정마다 필요한 시간을 분배하죠. 그런데 대부분은 별다른 이슈가 생기지 않는 '일반적인 상황'을 기준으로 필요한 시간을 계산하는 경우가 많습니다.

멤버가 몸이 아파 쉬었다든가, 거래처에서 납품이 하루 늦어질 것 같다든가, 또 최종 체크 단계에서 큰 실수가 발견되었다든가. 이러한 예측하지 못한 사태가 벌어졌을 때, 당신은 기존 스케줄을 강제로 재검토하고 조정해야 합니다.

이런 힘든 일을 겪지 않기 위해서는 스케줄을 짤 때 더 이상은 없을 만큼 최악을 예상해 두는 게 낫습니다.

최악을 예상해 두면 짜증 내면서 일정을 변경하지 않아도 되므로 심리적인 여유를 지닐 수 있습니다.

캐나다에 있는 사이먼 프레이저 대학교의 로저 뷸러는 졸업논문 코스를 수강한 대학생에게 '논문을 완성하는 데 걸리는 날짜'를 예상하게 했습니다. 그러자 수강생들은 평균적으로 '33.9일'이라고 예상하였습니다.

그런데 실제로 수강생들이 논문을 완성하는 데 걸린 날짜는 평균 55.5일이었습니다. 예상과는 크게 어긋난 것이죠.

또한 불러는 "최악의 사태가 차례로 발생하면 완성하는 데 얼마나 더 걸릴 것 같나요?"라고도 물었습니다. 그러자 학생들은 "그럴 경우 넉넉잡아 48.6일"이라고 대답했습니다. 최악을 예상하더라도 여전히 안이한 면은 있지만, 그나마 현실에 가까운 예측을 겨우 해냈죠.

업무 계획을 세울 때는 필요한 단계의 수든, 금액의 견적이든, 마무리까지 걸리는 시간이든 모두 최대한 보수적으로 계산하는 게 좋습니다. 그래야 나중에 덜 번거롭고, 쪼들리는 상황에 놓여 휘둘리는 일을 줄일 수 있습니다.

절교해도 돼

인간관계도 마찬가지입니다.

친구와 조금 말다툼을 벌이고 어색해졌다고 칩시다. 그날은 그대로 헤어졌겠죠. 귀가한 당신은 이렇게 생각합니다.

"내일이 되면 마음이 풀어져서 원래대로 지내겠지."

바로 이런 생각이 안이한 거예요. 그럴 때는 "최악의 경우 절교할지도 몰라" 하고 예상하는 게 정답이에요. 다음날 친구와 한마디도 하지 않는 상황을 가정해 봐요. 그때 내 마음이 아무렇지도 않은지 슬픈지 상상해 보세요. 아무렇지도 않다면 "절교해도 돼" 하고 마음먹고, 슬프다면 말다툼한 것을 되돌아보며 자신에게 잘못한 부분이 없었는지 생각해 보세요. 그리고 사과할 말도 준비하는 거죠.

미리 여러모로 상황을 가정하여 어떻게 대처할지 준비해 두면 훨씬 마음에 여유가 생길 겁니다. 예기치 못한 상황에 휘둘려서 말과 행동이 급발진하거나 내키지 않는 상황으로 끌려가지 않아요.

다음날, 만약 원래대로 지내게 되었다면 물론 다행입니다. 그대로 친구 관계를 이어가면 됩니다. 어색함이 남아 있다면 전날 했던 시뮬레이션을 하나씩 실행에 옮겨봅시다.

14

착실하게 일을 진행하기 위해 추천하는

체크 리스트

일할 때는 우선순위를 매겨가며 체크 리스트를 써 보세요.

체크 리스트가 없으면 "저것도 해야 하는데, 이것도 해야 하는데" 하고 당황하는 바람에 수습하기 힘들어집니다. 무엇부터 손을 대면 좋을지 몰라 쩔쩔매는 사람도 나올 겁니다.

따라서 자신이 해야 할 일을 열 개나 스무 개 정도 체크 리스트를 작성하고 하나씩 체크하며 일하면 아무리 많은 일을 해야 하더라도 자신의 속도대로 일하기 편해집니다.

써놓은 항목을 하나씩 쳐내다 보면 어느새 일이 다 끝나 있을 거예요. 한 작업을 마칠 때마다 리스트에 동그라미나 체크 표시 등의 마크를 넣으면 "와, 벌써 이렇게 끝냈구나. 이제 세 개 남았네" 하고 진척도도 눈으로 파악할 수 있어요. 해야 할 일들이 머릿속을 꽉 채우고 있으면 마음이 쫓겨 실수도 많아집니다. 체크 리스트를 만들어 하나씩 차근차근 해나가면 휘둘리지 않고 뭐든 침착하게 잘 마칠 수 있습니다.

깜빡 잊는 것을 방지하기 위해서라도

웨스턴 미시간 대학교의 존 오스틴은 파인 다이닝 레스토랑에서 일하는 7명의 설거지 담당 직원과 11명의 접객 담당자와 협력하여 먼저 작업용 체크 리스트를 작성했습니다. 설거지 담당 직원은 26항목의 체크 리스트를 완성했고, 접객 담당자는 25항목의 체크 리스트를 완성했습니다.

체크 리스트를 쓰지 않을 때는 무심코 깜빡하여 빼먹는 작업이 생겼습니다. 그런데 체크 리스트를 써서 작업하게 하자 작업을 잊는 일이 없어졌습니다.

비슷한 연구는 애팔래치아 주립대학교의 제시카 돌도 하였습니다. 돌이 스키용품점의 점원에게 '카운터를 닦는다' '쓰레기통은 항상 비워둔다' 등의 체크 리스트를 이용하여 일하게 하자, 직원들은 모두 청소 활동을 열심히 하게 되었다고 합니다.

체크 리스트를 쓰지 않았을 때는 접객용 카운터가 조금 더러워져도 직원은 닦지 않았지만, 체크 리스트를 쓰게 하자 청소 활동도 적극적이 되어 쓰기 전보다 52%나 청소 활동이 늘었습니다.

아무리 큰 일이라도 가능하면 세세하게 쪼개어 꼼꼼하게 먼저 체크 리스트를 작성해 보세요. 하나하나의 작업은 생각보다 어렵지 않고 쉽게 끝낼 수 있을 거예요.

"뭐야, 의외로 간단했네."

그런 깨달음도 얻을 수 있겠지요. 기분도 가벼워지므로 훨씬 능숙하고 매끄럽게 처리할 수 있을 것입니다.

15

'리스트 업'이

당신의 답답함을 해소해 준다

당신은 고민의 근본적인 원인에 대해 제대로 진단할 수 있나요? 이 책을 읽는 분이라면 '나를 휘두르는 것'이 내 고민의 근원이라고 생각할지 모릅니다. 그러나 사실 그 고민이 착각이었다면? 이 책을 읽어도 고민을 해결할 수 없을지도 모릅니다. 고민의 본질을 파악하지 못하고 답답함만 쌓이는 경우가 꽤 많습니다.

고민이나 문제가 있다면 먼저 원인을 올바르게 파악하는 것이 중요합니다. 하버드 비즈니스 스쿨의 토마스 웨델 웨델스보그는 여러 기업의 임원 106명을 조사하였는데, 85%는 조직에서 발생하는 문제를 올바르게 진단하지 못한다는 사실을 알아냈습니다.

예를 들어 한 건물의 주인이 입주자에게 "엘리베이터가 너무 느리다"라는 클레임을 받았다고 합시다.

대부분의 오너는 새로운 엘리베이터를 설치하지 않으면 문제를 해결할 수 없다고 생각합니다. 그러나 그러기 위해서는 큰돈이 듭니다. 문제는 해결되더라도 큰 비용이 든다면 별로 좋은 방법이라고는 할 수 없습니다.

짜증 내지 않고 엘리베이터를 기다리기 위해서는?

웨델스보그에 따르면 엘리베이터 문제는 새로운 엘리베이터를 설치하지 않아도 해결할 수 있습니다.

벽에 커다란 거울을 설치하면 됩니다.

문제의 본질은 '엘리베이터가 오는 것이 너무 늦다'는 점이 아니라 '엘리베이터가 오지 않는 것에 의한 주민의 짜증'입니다. 이것을 해소하는 데 필요한 것은 커다란 거울이라는 것입니다. 우리는 자신의 모습을 거울로 보면 몇 시간이고 질리지 않으니까요. 엘리베이터를 기다리는 괴로운 시간이 해소되는 절묘한 해결책이라고 할 수 있죠.

이처럼 고민이 있을 때는 문제의 본질을 올바르게 간파하는 것이 중요합니다. 예를 들어 어떤 사람의 발언이 자꾸 마음에 걸린다고 해봅시다. 하지만 그 원인을 몰라 답답하다면? 이럴 때는 생각할 수 있는 원인을 열거해 봅시다.

1. 자신을 비난하는 듯 들려서
2. 지식을 자랑하는 느낌이 싫어서
3. 자신의 마음을 멋대로 판단하는 듯 느껴서

원인에 따라 대처법이 각각 다르겠죠? 1번이 원인이라면 자신의 문제점을 지적해 준 것에 감사하는 것이 좋을지도 모릅니다. 2번에 대해서는 모르는 것을 배워 공부가 되었다고 생각해 봅시다. 3번이라면 '상대가 판단한 것과는 다른, 자신의 진정한 마음'을 다시 확인하는 기회가 되었다고 생각해 봐도 좋겠지요.

해결책이 완벽할 필요는 없습니다. 고민의 본질을 파악하는 습관을 들이는 것이 중요합니다. 마음이 답답해지면 먼저 그 이유를 하나씩 적어보세요. 손으로 써서 눈으로 확인하는 것만으로도 의외로 마음이 점차 편해질 것입니다.

16

불안이 많은 사람일수록

위기관리 능력이 높다

불안은 네거티브한 감정이라고 여겨지지만, 사고방식을 바꾸어 "불안하니까 좋아"라고 생각해 보면 어떨까요?

하버드 대학교의 제러미 잭슨은 미국과 캐나다에서 대학원 진학하는 데 필요한 공통 시험인 GRE를 치르기 전에 한 그룹에만 살짝 이런 말을 해주었어요. "불안을 느끼면 실력을 발휘할 수 없다고 생각하겠지만, 최신 연구에서는 오히려 좋은 성적이 나온다는 것이 판명되었습니다"라고 말이죠.

그로부터 석 달 뒤, GRE 결과가 나와 각자 성적을 확인하자 '불안을 느끼면 좋은 성적을 낼 수 있다'고 귀띔해 준 그룹이 다른 그룹보다 평균 66점이나 높은 성적을 받을 수 있었습니다. 참고로 GRE는 340점 만점인 시험입니다.

불안을 느끼는 것은 결코 나쁜 것이 아닙니다.

오히려 불안은 의욕의 원동력도 됩니다. 불안을 느낄 때는 잘됐다고 생각하는 것이 낫고, 끊임없이 불안을 느낀다면 "나는 걱정이 많기에 큰 문제를 겪지 않을 수 있어"라고 사고방식을 바꾸어 보면 어떨까요?

노터데임 대학교의 수잔나 나스코는 293명의 대학생에게 한 달의 기간을 두고 두 번 시험을 치르게 하였는데, 첫 번째 시험에서 실패한 학생일수록 두 번째 시험에서 좋은 성적을 낸다는 것을 알아냈습니다.

왜 첫 번째 시험에 실패한 사람이 두 번째 시험에 더 좋은 성적을 냈을까요?

그 이유는 첫 번째 시험에 실패한 학생은 "이거 큰일 났네" 하며 불안해졌기 때문입니다. 불안해져서 다음 준비를 더 단단히 해두었기에 **두** 번째 시험에서는 좋은 성적을 낸 거예요.

차질 없이 일을 잘 진행하는 쪽도 대체로 낙관적인 사람보다 걱정이 많은 사람 아닐까요?

걱정이 많은 사람은 주도면밀하게 준비합니다. 꼼꼼하게 준비하며 불안을 해소하려는 겁니다. 예를 들어 영업하러 나갈 때나 프레젠테이션을 할 때는 꼼꼼하게 리허설을 하고 플랜 A가 잘되지 않을 때를 대비하여 플랜 B도 몇 가지 준비하곤 합니다.

"쓸데없이 항상 불안해서 남들보다 더 힘드네."

이런 식으로 스스로를 비관하지 말아요.

불안을 많이 품고 있는 사람일수록 위기관리 능력이 높다, 그렇게 사고방식을 바꾸어 보면 마음이 편해질 거예요.

17

마음이 크게 흔들릴 때

일주일 묵혀두면

자연히 진정된다

우리 마음은 스스로 생각하는 것처럼 약하지 않습니다.

"저는 멘탈이 너무 약해요"라고 믿는 사람도 있을지 모르지만, 그것은 마음의 강인함을 너무 과소평가한 것입니다. 우리의 마음은 그렇게 쉽게 꺾이거나 무너지는 것이 아닙니다.

우리 몸은 세균이나 바이러스가 체내에 침입하려고 하면 자연히 그것들을 없애려고 합니다. 이것이 면역계의 작용이에요.

감기에 걸리면 자연스럽게 체온이 올라갑니다. 세균이나 바이러스를 없애기 위해 몸이 스스로 방어하는 거죠. 대부분의 세균이나 바이러스는 열에 약하므로 체온을 올려 몸을 지키려는 것입니다. 약을 먹지 않아도 2~3일 누워 있으면 감기는 낫습니다.

우울하거나 기분이 가라앉는 것도 말하자면 마음의 감기. 너무 당황하지 말아요. 마음은 조만간 원래대로 돌아갈 겁니다.

따라서 마음에 파도가 한 번 일었다고 해서 바로 무언가를 하려고 하지 않아도 괜찮습니다.

마음의 자연치유력을 믿어 보자

배우자가 사망했을 때 홀로 남겨진 배우자는 몹시 슬픈 기분이 들겠지만, 컬럼비아 대학교의 조지 보나노는 많은 심리학자가 추천하는 심리상담 같은 것이 필요 없다고 말했습니다. 대부분의 보통 사람은 자신의 힘으로 인간관계의 상실을 충분히 극복할 수 있고, 심리상담 같은 것을 받으면 오히려 마음의 회복력이 약해져 사태가 더욱 악화될 가능성마저 있다고 지적해요.

심리상담을 받지 않더라도 잘 쉬면서 시간을 보내면 마음은 차츰 회복됩니다.

실연했거나, 입시에 실패했거나, 직장에서 해고되는 등 다양한 일 때문에 우리의 마음에 큰 파도가 일고 심하게 동요할지도 모르지만, 모두가 전문가의 도움이 필요한 건 아닙니다. 아무것도 하지 않아도 스스로 자신의 마음을 돌볼 수 있고, 그 정도만으로도 힘들었던 마음은 원래대로 돌아갈 수 있어요. 마음의 회복력은 우리의 생각보다 더 크니까요.

당신도 자신의 경험을 떠올려 보세요.

인생에서 큰 고비들이 있었겠지만 꽤 괴로운 일이 있었더라도 지금은 어떻습니까?

"확실히 그때 크게 상처받았지만, 지금은 아무렇지도 않아."

이런 생각이 들지 않나요?

혹시 앞으로 힘든 일이 생기더라도 내 몸과 마음의 치유력을 믿어 보세요. 시간이 지나면서 어떻게든 해결된 것처럼 괴로운 마음도 점차 스스로 극복할 수 있을 테니까요. 설령 멘탈이 붕괴될 만한 일이 벌어지더라도 패닉에 빠지지 마세요.

"오늘의 고민도 햇빛 잘 들고 바람 잘 통하는 곳에 널어두고 일주일을 묵히면 자연히 진정될 거다."

이렇게 생각하며 여유롭게 시간을 흘려보내세요.

18

자신을 휘두르는 성가신 '욕구'를
쉽게 멀리하는 방법

우리를 휘두르는 것은 타인만이 아닙니다. 자신의 내면에도 성가신 존재가 있어요. 그것은 바로 '욕구'입니다.

식욕, 성욕, 수면욕을 3대 욕구라고 하는데 그 외에도 물욕, 도박욕, 최근에는 인정 욕구 같은 말도 자주 듣게 되었습니다.

욕구가 성가신 까닭은 쾌감을 수반하기 때문입니다.

식욕을 연구한 실험을 소개하겠습니다.

미국 오리건 리서치 연구소의 에릭 스타이스는 체질량지수 BMI가 33 이상인 비만 여성과 BMI가 19.6 정도로 정상 범위에 속한 여성을 모아 4시간에서 6시간 정도 단식한 뒤 실험실로 오게 했습니다.

거기서 미각 실험이라고 내세워 초콜릿 밀크셰이크를 마시게 한 뒤, 그때 뇌의 활성화를 기능자기공명영상법 fMRI이라는 특수한 장치로 조사하였습니다.

그러자 정상 범위에 속한 사람은 크게 달라지는 변화가 없었지만, 비만인 사람은 초콜릿 밀크셰이크를 입에 넣자마자 뇌의 보상 체계를 담당하는 영역이 활발하게 움직이는 것을 알 수 있었습니다. 즉, 비만일수록 식사에서 '쾌락을 얻기 쉬운 상태'라는 것입니다.

인간은 쾌락을 느끼면 느낄수록 쾌락을 주는 자극을 좀처럼 멈출 수 없게 됩니다. 그럼 살이 찐 사람은 쾌락을 자꾸 추구하는 경향이 심해져 살이 찔 수밖에 없는가? 꼭 그렇지 않습니다.

해결책은 매우 간단합니다. 음식을 피하면 됩니다.

눈앞에 맛있어 보이는 것이 있으면 그것을 보기만 해도 뇌의 보상 체계가 활성화되어 버리니, 그러지 않도록 아예 싹을 자르는 것입니다. 이것을 '프리커밋먼트 Precommitment 전략'이라고 부릅니다.

예를 들어 식사 하러 갈 때는 미리 직원에게 말해 두는 거예요. "식사를 마친 뒤 디저트는 갖다주지 마세요. 맛있어 보이는 케이크를 보면 꼭 먹고 싶어지거든요"라고 부탁하여 유혹을 차단하는 거죠.

쇼핑하러 나갈 때는 과자나 아이스크림 코너에 다가가지 않도록 해보세요. 맛있어 보이는 것을 보면 도저히 욕구를 참을 수 없게 되니까요.

술을 좋아하는 사람은 술집이 모여 있는 거리에는 처음부터 다가가지 않도록 합니다. 가게가 없는 길을 골라 걸으면 뇌의 보상 체계도 활성화되지 않으므로 욕구를 느끼는 일도 없습니다.

일단 욕구를 느끼면 그것을 참는 것은 너무나 힘든 일이에요. 아무리 이성으로 억누르려고 해도 잘되지 않습니다. 따라서 자신의 욕구에 휘둘리고 싶지 않다면 처음부터 욕구를 느낄 만한 기회를 차단하여 미리 막는 게 최선입니다.

"도시 사람은 냉정하고, 시골 사람은 정이 있다"는 말을 자주 듣습니다. 이것은 단순한 속설이 아니라 아무래도 사실인 모양입니다.

도시에는 사람이 너무 많아서 일일이 타인을 신경 쓰면 피곤해지잖아요. 때문에 '타인은 나랑 아무 상관 없어'라는 생각이 뼈에 새겨진 사람이 많을 거예요.

조지아 서던 대학교의 샤우나 윌슨은 도시와 시골에서 재미있는 실험을 하였습니다. 길을 가다가 마주 걸어오는 사람을 발견하면 그 앞에서 슬쩍 봉투를 떨어뜨립니다. 그 봉투를 10초 이내에 주워주는지 측정하였습니다.

그 결과 "봉투 떨어뜨렸어요"라고 말을 걸며 봉투를 주워주는 친절한 사람의 비율은 시골이 더 높았습니다. 도시에서는 길을 걷던 사람의 60%가 주워주었지만, 시골에서는 80%가 주워주었습니다.

또 도와줄 때까지의 시간도 시골이 더 빨랐습니다. 도시 사람은 도와줄 때까지는 5.6초가 걸렸지만, 시골에서는 3.7초밖에 안 걸렸습니다.

°누군가가 당연하게 도와준다

비슷한 연구는 웨스트 플로리다 대학교의 스테판 브리지스도 했습니다. 브리지스가 똑같이 도시와 시골의 작은 마을에서 봉투를 떨어뜨리자, 도시에서 주워준 사람은 39.3%밖에 안 되었지만, 시골의 작은 마을에서는 92.9%가 도와주었어요. 약 93%라는 수치는 정말 꽤 높다고 생각하지 않나요?

시골 사람들은 곤란한 사람을 그냥 지나치지 않았습니다. 아무 상관도 없는 사람을 누군가는 당연하게 바로 도와줍니다.

만약 도시에서 살며 "우리 직장에선 누구 한 사람 인사도 해 주지 않아" 같은 고민이 있다면, 아예 시골에서 살아보는 것은 어떨까요?

지방으로 거점을 옮기는 회사도 조금씩 늘고 있는 추세입니다. 재택근무의 노하우도 축적되었으니, 시골에서 살며 도시 회사에서 일하는 선택지도 앞으로는 많아질지도 모르겠습니다.

° 당신의 마음을 진정시키는 소리

시골 생활을 추천하는 이유는 타인의 친절함 때문만은 아닙니다.

앨라배마 대학교의 루이스 바조는 요양 시설 두 곳에 부탁하여 시설 안에서 자연의 소리를 틀어달라고 했습니다. 산이나 바다의 소리를 배경음악처럼 들리게 한 것이죠.

이 시설에서는 평균 83세의 고령자들이 모여 있는데, 자연의 소리를 틀지 않았을 때는 57.61%의 사람이 크게 떠들거나 소리치곤 하였는데 배경음악으로 자연의 소리를 틀어주자 그 비율이 51.70%까지 줄었습니다. 자연의 소리에는 사람의 마음을 평온하게 하는 효과가 있다는 것을 알 수 있습니다.

특히 추천하는 것은 실개천 같은 물가입니다. 영국 에식스 대학교의 조 버튼에 따르면 시냇가를 걷는 게 우리 정신 건강에 매우 좋은 효과를 낸다고 합니다.

큰 강이 흐르는 하천부지는 특히 최고입니다. 졸졸 흐르는 소리를 들으며 시원한 바람을 쐬고, 물새가 헤엄치는 모습도 볼 수 있어요. 상상만 해도 마음이 편안해집니다.

물론 시골로 이주하는 것은 여러 가지 어려움이 따르므로 결심한다고
당장 실현할 수 있는 것은 아니겠죠.

그럴 때는 스마트폰 앱을 추천합니다.

파도나 강 소리 등 다양한 자연의 소리를 모은 앱이 많습니다. 좋아
하는 소리를 골라 출근 버스나 지하철에서 들어보세요. 이른 아침 몰
려오는 피곤함을 털어내며 차분하게 오늘 할 일을 준비할 수 있을 거
예요.

3장

불편한 타인 피하는 법

19

그 고정관념,

사실은 당신을 괴롭히고 있습니다

우리는 종종 자신의 머릿속에 제멋대로 이미지를 만들어내곤 합니다. 그 이미지에 영향을 받아 자신의 속도가 흐트러지는 일도 흔히 벌어집니다. 특히나 문제가 되는 것이 '나쁜 선입견'입니다.

저 사람은 나를 싫어해.
나에게 차갑게 대하는 이유도 날 싫어하기 때문이야.

사실은 당신을 위한 행동이더라도 선입견 탓에 상대의 선의를 악의로 받아들이고 맙니다. 나쁜 선입견이 너무 강하면 자꾸 과민하게 긴장하곤 해서 의미 없이 피곤해집니다. 이래서는 인간관계를 즐기는 것도 불가능하지 않을까요?

일반적으로 사람들이 남의 선의를 과소평가하는 경향이 있다는 것은 실험으로도 확인되었습니다.

세상에 그렇게 나쁜 사람만 있는 것은 아니다

컬럼비아 대학교의 프란시스 플린은 42명의 대학생에게 물었습니다.

"모르는 사람에게 10분 길이의 인터뷰를 부탁했으면 해. 그런데 목표 인원인 5명을 달성하려면 과연 몇 명에게 말을 걸어야 할까?"

그러자 평균 '20.5명'이라는 답이 돌아왔습니다. 응해주는 사람은 4명 중 1명으로 4분의 3은 거절할 것이라고 추측한 거죠.

그런데 실제로 인터뷰를 부탁하러 학생을 보내자, 현실에서는 10.5명에게 말을 걸기만 해도 5명의 인터뷰를 모두 달성할 수 있었습니다. 20명에게 말을 걸 필요가 없었습니다.

이어서 플린은 두 번째 실험도 했습니다.

"타인의 휴대전화를 빌리려고 해. 과연 몇 명에게 말을 걸어야 할까? 목표는 3명!"

이 과제에 대한 예측도 해보라고 했습니다.

그러자 학생의 예측은 평균 10.1명. 하지만 실제로 시도하자 평균 6.2명으로 과제를 달성할 수 있었습니다.

또한 플린은 세 번째 실험으로 "멀리 떨어져 있는 학교 안의 한 시설까지 길 안내를 부탁해 봐. 목표는 1명"이라는 과제에 대한 예측도 하도록 했습니다. 학생이 예측한 평균은 7.2명이었지만, 실제로는 불과 2.3명 만에 목표를 완수했습니다.

이 실험으로 알 수 있듯이 우리는 사람의 선의를 꽤 과소평가하고 있습니다. 세상에는 그렇게 나쁜 사람만 있는 것은 아닙니다. 물론 악마 같은 사람도 있겠지만 대체로 자신처럼 친절한 사람들이 많아요.

"내가 무엇을 부탁해도 어차피 거절당할 게 뻔해" 같은 부정적인 생각은 그만둡시다. 부탁하고 싶은 일이 있으면 공손하고 부드럽게 부탁해 보세요. 모두 응해주는 것은 아니지만, 꽤 높은 확률로 흔쾌히 받아줄 테니까요.

20

자신의 생각을 일단 전달해 보면
답답함이 적어진다

당신은 자신의 요청을 확실히 전달하는 타입인가요? 아니면 눈치채주기를 기다리는 타입인가요?

얌전한 것도 하나의 미덕이지만, 너무 사양만 하다가는 결국 당신이 생각한 인생에서 멀어지고 맙니다.

우리는 초능력자가 아니므로 상대가 어떤 생각을 하는지 모릅니다. 입 밖으로 내지 않으면 상대에게 전해지지 않습니다.

예를 들어 당신이 회사의 월급에 불만이 있다고 합시다.

"우리 회사, 아무리 해도 월급이 올라가지를 않아요."

"월급을 인상해 달라고 말해보셨어요?"

"아니요, 어차피 안 될 테니까요."

"한 번도 말해본 적이 없는 거예요?"

"네, 한 번도."

'월급을 인상해 달라'고 회사에 전하지 않으면 어떤 결과가 나올까요? 지극히 상식적으로 추론하면 '월급을 올려줄 리가 없다'는 것입니다. 월급 인상을 부탁하지 않으면 회사 측(상사나 사장)은 당신이 현재의 월급에 아무 불만도 없다고 생각하기 때문입니다.

잘되면 이득인 것

미국 버지니아주에 있는 조지 메이슨 대학교의 미셸 마크스는 다양한 직종의 신입 사원 149명(각 회사에 3년 이내 고용된 사람들)에게 급여 협상을 하였는지 물어보았습니다.

회사와 협상한 사람은 110명이고, 하지 않은 사람은 39명이라는 답을 얻었습니다.

조사해 보자 급여가 오른 것은 협상한 사람뿐이었습니다. 협상하지 않은 39명 중 인상된 사람은 아무도 없었습니다. 뭐, 당연한 결과겠죠.

근로자 쪽에서 먼저 "월급을 올려주세요"라고 부탁하지 않고 마음속으로만 '월급 좀 안 올려주려나?' 생각해서는 거의 확실하게 인상되지 않을 거예요. 각오해 두어야 합니다.

인간관계에서도 같은 말을 할 수 있습니다. 무언가 바람이 있다면 자꾸자꾸 그것을 말해보세요. 표현하고 전달해야 합니다.

잘되면 이득이고, 만약 잘되지 않더라도 현재와 다를 바 없을 뿐이므로 어느 쪽이 되든 당신이 특별히 손해 볼 것은 없습니다. 아니, 답답한 기분이 사라질 테니 그것만으로도 충분한 이득이에요.

21

나쁜 인상을 주지 않고
무리한 요구를 피하기 위해서는

갑자기 날아드는 무리한 요구. 동료나 친구라면 그나마 항의할 여지가 있지만, 거절하기 힘든 윗사람이 무리한 요구를 하면 곤란할 따름입니다. 거부하면 나쁜 인상을 줄 것이 뻔해서 어쩔 수 없이 싫지만 요구를 들어준 경험이 다들 한 번씩은 있을 거예요.

무리한 요구를 그대로 받아주고 나면 마음속에 상대에 대한 불만과 분노가 솟구칩니다. 그 스트레스가 자신의 정신 건강에 악영향을 미치는 것은 말할 것도 없겠지요.

그런 상황을 타파할 수 있는 꿀팁은 '요구 반사'입니다.

예를 들어 상사가 야근을 요구한다고 합시다. 게다가 야근 수당도 없습니다.

"미안, 이번 주도 야근 부탁해도 될까?"

대부분의 사람은 못마땅한 표정을 지으면서도 어쩔 수 없이 받아들이고 말겠지요. 이래서는 정신 건강에 해롭습니다. 싹뚝 잘라 거절하지 않더라도 무언가를 요청하는 게 좋습니다.

"야근이요? 그럼 끝나면 저녁밥 사주세요."

너무 큰 부탁이 아니라면 상대도 "알겠어, 알겠으니까" 하고 들어줄 것입니다. 잘되면 당신도 일방적으로 명령을 받았다는 느낌이 줄기 때문에 마음속에 울분이 쌓이지 않고 넘어갈 수 있습니다. 만약 상사가 요청을 거절한다면 수준을 한 단계 내려도 좋습니다.

"그럼 끝나면 커피라도 사주셔야 해요."

이렇게 다시 협상해 봅시다. 한마디로 자신이 조금이라도 납득하도록, 완전히 상대가 시키는 대로 움직이지 않게 하는 것이 포인트입니다.

클라이언트가 상품의 가격 인하를 요구할 때도 마찬가지입니다. 무조건 순순히 들어주지 말고 바로 협상에 나서도록 합시다.

"상품의 단가 말인데, 다음부터 개당 100엔이 아니라 85엔으로 해줄 수 없나?"

"그건 가능지만, 그럼 대신 주문 개수를 두 배로 해주시면 안 되겠습니까?"

이런 식으로 대꾸해 보는 거예요. '내가 그렇게 말하면 상대가 화내지 않을까?' 걱정할지 모르지만, 그렇지 않습니다.

무시나 거부보다 협상이 낫다

노스캐롤라이나 대학교의 베네트 텝퍼는 기업에 소속된 347명의 매니저에게 부하와의 대화를 떠올리도록 하였는데, 매니저들이 선호하는 것은 상사의 요구를 '거부'하거나 '무시'하는 부하가 아니라 '협상'하려는 부하라는 것을 알아냈습니다.

상사는 "대신 ○○해주실 수 있어요?"라고 협상하려는 부하를 별로 싫어하지 않습니다. 안심하고 적극적으로 요구 조건을 말해 보세요.

22

내키지 않는 제안을
자연스럽게 거절하는 방법

"하고 싶은 말이 있는데 자기주장을 할 수 없다."
"사실은 거절하고 싶은데 제대로 거절하지 못해서 답답하다."

이런 고민을 하는 사람이 적지 않습니다. 특히 돌발적으로 이런 사태에 휘말렸을 때, 능숙하게 대처하지 못한 채 어쩔 줄 몰라 하다가 결국 마지 못해 상대의 요구에 따르고 마는 경우가 참 많아요. 세련되게 거절하지 못해서 고민인 사람들에게 추천하는 것은 '리허설'입니다. 예를 들어 '가고 싶지 않은 회식을 권유받았을 때' 같은 구체적인 상황을 먼저 설정합니다. 그리고 어떻게 거절하면 무난하게 넘어갈 수 있을지 생각해 봅니다.

"주말에 아이들과 놀아주고 싶어서 이번에는 빠지겠습니다."
"요즘 저녁에 헬스장에 다니고 있거든요."
"사실은 건강 검진 결과 때문에 술은 좀 자제하는 중이라."

답변을 만들면 그 말을 몇 번씩 소리 내어 연습해 둡니다. 몇 번이나 반복하여 입에 붙여두면 실전에서도 자연스럽고 매끄럽게 거절의 말이 나올 것입니다. 이러한 트레이닝을 심리학에서는 '행동 리허설 훈련'이라고 부릅니다.

자연스럽게 자기주장을 하기 위해

위스콘신 대학교의 리처드 맥폴은 자기주장이 서툰 사람 42명을 모았습니다. 그리고 그 42명에게 행동 리허설 훈련을 받도록 하였습니다.

예를 들어 "영화 티켓을 사려고 줄을 섰는데 새치기를 하려는 사람을 발견했습니다" 같은 구체적인 상황에 대하여 자기 나름대로 어떻게 말하면 좋을지 생각하게 한 것입니다. "다른 사람도 모두 줄을 섰으니 똑같이 뒤에 줄을 서세요" 같은 식으로요.

그리고 몇 번이나 입 밖으로 소리 내어 리허설을 하게 하자, 자기주장이 서툴렀던 사람도 어느 정도 능숙하게 자기주장을 펼칠 수 있게 되었습니다.

행동 리허설 훈련을 받지 않은 그룹에서는 46.16%만 제대로 자기주장을 펼쳤으나, 훈련을 받은 그룹은 62.94%가 제대로 자기주장을 펼치게 되었습니다.

만담가나 희극인은 텔레비전 토크 방송에서 재미있는 말을 툭툭 내뱉는데 과연 모두 애드리브로 하는 것일까요?

아니요, 그렇지 않습니다. 프로패셔널한 사람들은 모두 재미있는 소재를 미리 생각하여 확실히 리허설을 해둡니다. 언제 어디서

든 자연스럽게 튀어나올 수 있도록요. 텔레비전 카메라 앞에서 재미있는 말을 즉흥적으로 할 수 있는 것도 연습과 노력입니다.

우리는 전문가가 아니므로 더욱 연습해야 합니다. 능숙하게 자신의 주장을 관철하기 위해, 할 말을 무례하지 않게 즉각 되받아치기 위해, 상황별 대사를 준비하여 반복적으로 리허설해 둡시다.

23

하기 힘든 말은
'가장 먼저' 꺼내 보자

젊은 신입을 어떻게 대해야 할지 모르겠다며 불평하는 중장년이 적지 않습니다. 젊은이에게 엄격하게 지적하면 바로 회사를 그만두고 말 것 같아 하고 싶은 말이 있어도 좀처럼 전하지 못해 스트레스만 쌓이는 것이죠.

때문에 대화 스킬을 다루는 책에 종종 나오는 '샌드위치법'을 교육지책으로 꾸역꾸역 실천하는 사람도 있을 거예요.

참고로 샌드위치법이란 먼저 칭찬한 다음 상대에게 고치길 바라는 단점이나 충고를 전하고, 마지막에 다시 한번 칭찬하는 방법입니다. 부정적인 내용을 긍정적인 내용 사이에 끼우므로 샌드위치라는 이름이 붙었죠.

하지만 실제로 샌드위치법은 별로 추천하고 싶은 방법이 아닙니다.

샌드위치법은 별로 효과가 없다

제1조건	긍정 (좋다) → 부정 (팸플릿의 방향에도 신경 쓰기) → 긍정 (잘 만들었다)
제2조건	긍정 → 긍정 → 부정
제3조건	부정 → 긍정 → 긍정
제4조건	컨트롤 조건 (일절 아무것도 전하지 않는다)

부정적인 것에서 긍정적인 화법으로

미국 캔자스 대학교의 아미 헨리는 참가자에게 사무 작업과 비슷한(팸플릿을 반으로 접어 봉투에 넣는 것) 일을 시키고 샌드위치법의 효과를 실험적으로 확인하였습니다. 헨리는 몇 가지 조건을 설정하였습니다. 도식적으로 나타내면 위의 표와 같습니다.

제1조건이 전형적인 샌드위치법이지만, 그 말을 들은 참가자의 작업량이 늘어나는 일은 없었습니다. 가장 효과적이었던 것은 놀랍게도 부정적인 말을 가장 먼저 전하고, 그 뒤에 긍정적인 말을 두 번 연속으로 이어가는 제3 조건의 방식이었습니다.

그러므로 만약 신입이나 자신의 부하에게 무언가를 전하고 싶을 때는 가장 먼저 부정적인 말을 꺼내버리는 게 더 효과적입니다. 물론 그 뒤에 긍정적인 말을 한두 가지 하여 감싸는 것도 잊지 마세요.

24

동료에게 질투와

시샘 받지 않는 행동법

쇼와 시대¹⁾의 마지막 내각 총리였던 다케시타 노보루는 "배려심으로 총리가 되었다"는 말을 들을 만큼 적을 만들지 않는 성격이었습니다. 그런 다케시타가 입버릇처럼 했던 말은 "땀은 스스로 흘립시다, 공적은 남에게 줍시다"였다고 해요.

이 자세는 우리도 꼭 배우면 좋겠습니다. 적을 만들지 않으면 방해를 받거나 괴롭힘을 당할 일도 줄어듭니다. 즉, 마음 편한 인생을 살 수 있습니다.

노던 일리노이 대학교의 스테파니 헤나간은 네 개의 부동산 회사 판매원 중에 회사에서 상을 받을 만큼 우수한 판매원이 어떤 마음가짐을 지녔는지 조사하였습니다.

그 결과 사내 콘테스트에서 우승한 사람일수록 타인에게 질투나 분노 같은 감정을 일으키기 쉬우므로 오히려 공적을 남에게 양보하는 태도를 가진 것이 드러났습니다.

"아니에요, 제가 잘된 건 과장님 덕분이니까요."

"○○부하가 거의 밑 작업을 해준 덕분이지 저는 아무것도 안 했습니다."

편집자 주   1)   1926년 12월 26일부터 1989년 1월 7일까지 가장 오래 사용한 일본 연호.

"○○씨의 서포트가 없으면 성공하지 못했겠죠."

빈말이라도 이런 식으로 자신의 성과를 타인에게 양보해 보세요. 남에게 질투나 공격을 받을 일이 거의 없습니다.

자신의 공헌도는 작게 인식한다

아무리 잘나가도 질투를 받으면 일일이 사사건건 방해받는 일이 벌어집니다. 그러다 보면 귀찮다고 느껴질 정도로 스트레스 받는 일이 많아지죠. 그렇게 되지 않기 위해서는 타인에게 공로를 양보해 버리는 편이 낫습니다.

"그럼 나의 노력이 보답받지 못하는 것이 아닐까?"
"기껏 상을 받았는데 의미가 없는 것 아닐까?"

이렇게 생각하는 독자도 있겠지요. 그러나 공로를 타인에게 양보해도 주위 사람들은 누가 열심히 했는지 대체로 알고 있습니다. 겸손하게 자기 어필을 하는 게 주위 사람들의 평가를 높게 이끌어

내는 힌트입니다. 즉 노력이 보답받지 못한다든가, 의미 없는 일은 세상에 없습니다.

팀이나 그룹으로 일하는 사람도 많을 텐데 이런 때에도 팀의 업적에 대한 자신의 기여도는 가능하면 작게 인식해야 합니다. 그런 겸손한 자세를 보여주는 것이 중요합니다.

어떤 업계의 어떤 직장이라도 그렇겠지만, 거만한 태도를 보이는 사람은 대체로 미움받습니다. 반대로 겸손한 자세를 취하는 사람은 어떤 직장에서도 인품을 인정받고 인기와 신뢰를 얻을 수 있습니다.

25

상대의 의견은

대체로 바뀌지 않는다

자신과 의견이 다른 사람과 만났을 때, 우리는 그 사람의 의견을 바꾸려고 하기 쉽습니다. 온갖 방법을 쓰며 논쟁을 벌여 자신의 의견을 받아들이도록 상대를 설득하려고 나서죠. 하지만 사람의 의견과 신념이란 그리 쉽게 바뀌는 것이 아닙니다.

인간은 완고한 생물

우리는 자신의 의견과 일치하는 것만 받아들이려는 경향이 있습니다.

이것을 심리학에서는 '일치 효과'라고 부릅니다.

하버드 대학교의 캐스 선스타인은 "기후 변화는 인간이 일으킨 것이다"라고 믿는 사람은 "지구 평균 기온의 상승이 이전에 예상했던 정도의 수준은 아니다"라는 문장을 읽게 하여도 그 내용을 쉽게 받아들이지 않는 것으로 드러났습니다.

또 다른 연구도 소개하겠습니다.

독일에 있는 마르부르크 대학교의 피터 나우로스는 게임을 하는 습관이 있는 사람에게 "게임은 인간의 폭력성을 높인다"라는 기사를 읽게 하였지만, 역시나 그 내용에 반대하며 잘 받아들이지 않았습니다.

우리는 기본적으로 자신의 의견과 일치하는 것은 순순히 즉각 받아들입니다. 그러나 자신의 의견과 일치하지 않으면 그 어떤 예를 들어도 쉽게 인정하지 않습니다. 생각이 다르다고 해서 상대와 논쟁하지 맙시다. 논쟁이 벌어질 것 같으면 얼른 승부의 세계에서 벗어나세요. "그렇구나, 너는 그런 의견이구나" 하고 은근슬쩍 얼른 넘어가는 게 그 사람과의 관계도 나빠지지 않도록 만들고, 자신도 피곤해질 일 없도록 해줍니다.

설령 아무리 정당성 있는 근거와 증거를 제시할 수 있더라도 논쟁은 피합시다. 상대가 감정적으로 반대하며 논쟁이 성립되지 않는 불편한 사태가 벌어지는 일이 많기 때문입니다.

<아침까지 생방송!>이라는 토론 방송을 보더라도 서로 감정을 드러내며 끝까지 따지는 장면을 자주 볼 수 있습니다. 자신의 의견을 완전히 바꾸어 상대에게 동의하는 장면은 거의 본 적이 없습니다. 그 정도로 인간이란 완고한 생물이므로 처음부터 논쟁할 일을 만들지 않는 편이 낫다는 걸 기억하세요.

만약 누군가와 논쟁을 벌이게 될 것 같다면 적당한 부분에서 잘 마무리하고 화제를 다른 것으로 바꿔버리는 것을 추천합니다.

26

'오늘은 그런 기분이구나' 하고
가볍게 넘기자

당신은 항상 본심만을 말하나요?

자신 있게 "네"라고 답할 수 있는 사람이 몇이나 될까요?

인간관계를 원만하게 하기 위한 방편으로 겉치레, 겸손 등 다양한 상황에 본심이 아닌 말을 입에 담기도 했을 거예요.

남들과의 소통을 위해서만이 아닙니다. 인간은 대인관계를 더욱 유리하게 이끌기 위해 때로는 본심과 동떨어진 말을 한다는 것을 밝힌 심리학 실험이 있습니다.

상대의 반응에 일희일비하지 않는다

텍사스 A&M 대학교의 샬렌 뮬렌하드는 610명의 여성 대학생에게 물었습니다.

"남성에게 데이트 신청을 받았을 때 마음은 OK지만 거절한 적이 한 번이라도 있습니까?"

놀랍게도 39.3%의 여성이 "그렇다"고 대답했습니다. 약 40%나 되는 여성이 본심과는 전혀 반대되는 말을 했다는 것입니다.

뮬렌하드가 왜 거절했는지 이유를 물었더니, 90%의 여성이 "가벼운 여자로 여겨지고 싶지 않아서"라고 대답했습니다. 또 "애태워서 더욱 자신에게 끌리도록 만들고 싶어서"라고 대답한 사람도 75.7%나 있었습니다.

뮬렌하드의 연구에서는 조사 대상자가 여성뿐이었지만, 남성을 대상으로 조사해도 같은 결과를 얻을 수 있을지도 모릅니다.

남성도 본심은 'OK' 하고 싶어도 다양한 이유로 거절하는 일이 종종 있습니다. 예를 들면 친구나 동료가 술자리에 부를 때입니다.

"사실은 마시러 나가고 싶어요. 하지만 전에도, 그전에도 신나게 참석했거든요. 이대로 가면 '술자리는 절대 안 빠지는 한가한 녀석'으로 보일 것 같아서 고민한 끝에 제안을 거절한 거죠."

남들이 자신을 얕잡아 보게 만들기 싫었던 거예요. 그런 마음이 작용하여 본심과는 반대의 반응을 보이고 마는 것입니다.

그러니 만약 이런 비슷한 경험이 있다면 반대로 생각해 보세요. 상대가 항상 본심만 말하는 건 아니라는 걸요.

누군가 당신의 제안을 거절했을 때.

당신이 누군가를 칭찬해도 그가 별로 기뻐하지 않았을 때.

상대의 반응에 일희일비할 필요는 없어요. 겉으로 보이는 게 다
는 아니니까요. 본심과는 반대로 반응할 수도 있는 거니까요.

"오늘은 그런 기분이구나."

그저 그 정도로 가볍게 받아들이고 넘겨야지 너무 오래 생각을
끌지 마세요.

27

자신의 페이스대로 협상하는 데
필요한 것

스포츠의 세계에서는 홈 경기가 원정 경기보다 유리합니다. 당연히 홈 경기에는 응원해 주는 팬도 많고, 경기장도 익숙하니까 실력 발휘가 쉽습니다.

이러한 '홈 효과'는 스포츠의 세계뿐만이 아니라 비즈니스 세계에서도 볼 수 있습니다.

캐나다에 있는 브리티시 컬럼비아 대학교의 그레이엄 브라운은 홈에서 더 유리하게 협상할 수 있다는 것을 실험적으로 확인하였습니다.

브라운은 동성 2명을 한 팀으로 하여 84쌍을 만든 뒤 커피 메이커를 파는 사람과 호텔의 물품 입고 담당자가 되어 협상하도록 했습니다.

다만 홈 효과를 높이기 위해 절반의 사람에게는 먼저 실험용 사무실로 오라고 했습니다. 그리고 사무실 입구에 자신의 이름표를 붙이거나, 의자 다섯 개 중 마음에 드는 의자 하나를 자기 것으로 고르게 하고, 열두 가지 포스터 중에서 두 개를 골라 사무실 벽에 장식하게 했습니다. 또한 화이트보드에 자신의 스케줄을 적고, 컴퓨터에 로그인하여 잠시 인터넷 서핑도 하도록 했습니다.

홈에서 더 적극적인 협상을 할 수 있다

	홈	게스트
판매 역할	7.06달러	6.90달러
구매 역할	6.78달러	7.12달러

(출처: Brown, G., & Baer, M., 2011)

충분히 그 사무실에 익숙해지게 한 다음, 협상 상대를 불러 협상을 하게 하자 홈 효과를 누린 사람은 커피 메이커를 파는 역할이든, 호텔 담당자로서 물품 구매 역할을 맡든 모두 적극적으로 가격 협상을 해낸 것을 알 수 있습니다. 결과는 위의 표와 같습니다.

홈 효과를 누린 사람이 더 적극적으로 협상에 나선 것이 잘 드러나는 결과죠.

약속 장소에는 먼저 도착하자

만약 상대와 협상해야 할 때, 서로에게 편안한 장소를 고른 후 협상 장소에는 상대보다 먼저 도착하는 것이 좋습니다. 먼저 도착하여 그 공간에 익숙해지면 완벽하게 자신의 홈이 아니더라도 홈과 비슷한 기분이 들어 유리하기 때문입니다.

협상이 아니라 회의를 할 때도, 설령 약속 장소가 카페 같은 곳이라도 상대보다 먼저 도착하도록 하세요. 쉽게 휘둘리지 않고 이야기의 주도권을 자신이 잡을 수 있습니다.

28

불편한 사람에게서 도망치면

오히려 마음이 무거워진다

불편한 사람과는 되도록 같이 있고 싶지 않은 법입니다. 몰래 거리를 두고, 엮이는 시간을 되도록 줄입니다. 아마 누구든 대부분 이런 식으로 피하는 행동을 하겠죠.

하지만 그런 대응이 당신의 마음을 오히려 흐트러뜨리고, 마음에 무거운 짐을 조금 더 늘리는 경우로 이어질 수도 있지 않을까요?

그럴 때는 사고방식을 바꾸어 봅시다. 불편한 사람에게서 도망치는 게 아니라 작정하고 그 사람 품으로 뛰어들어 보는 거죠.

대형 화학기업인 도레이에서 동기 중 가장 먼저 이사가 된 사사키 쓰네오는 영업부에 배치되었을 때 자신과는 크게 맞지 않는 타입의 상사와 만났다고 합니다.

그때 사사키가 쓴 작전이 상대의 품으로 뛰어드는 것입니다.

"2주일에 한 번 미팅 시간을 내주세요."

그렇게 부탁하여 스케줄을 강제로 잡고, 매번 30분씩 단둘이 대화했다고 해요. 미팅 시간을 확보해 두고 그 시간만 참아보는 거죠. 2주일에 한 번, 그것도 30분만. 그 외의 근무일에는 웬만하면 그를 완전히 무시하는 것으로 자신의 평정심을 유지한 거예요.

그렇게 미팅을 시작한 지 1년이 지날 무렵, 그 불편한 상사는 마케팅부의 부서장으로 이동하였습니다. 사사키가 "좋아, 드디어 해방됐다!" 하고 기뻐한 것도 잠시, 바로 사사키도 그 상사와 함께 마케팅부로 이동해야 했습니다.

다음 부서에서도 같은 미팅 작전을 실행하여 어떻게든 극복했지만, 그 상사가 플라스틱 사업 부서장으로 전임한 지 석 달 뒤에 사사키는 다시 그 상사의 사업부로 불려갔습니다.

그제야 사사키는 깨달았어요. 자신에게 상사는 불편한 타입이었지만, 상사에게 사사키는 아주 마음에 드는 부하였던 것입니다. 사사키는 도레이에서 자신이 성공한 것도 그 상사 덕분이라고 술회하였습니다(사사키 쓰네오 저, 《결정판 출세의 비결》, 카도카와 신쇼).

피하기보다 먼저 다가가자

플로리다 국제대학교의 마리 레빗이 한 조사에 따르면 "힘든 인간관계를 최근 5년 이내에 경험하였습니까?"라고 묻자, 남성

66.1%, 여성 72.6%가 "그렇다"라고 대답했어요. 인간관계로 힘든 경험을 한 사람이 세상에 넘쳐나고 있다고 보아도 되겠지요.

이어서 레빗은 어떻게 잘 극복할 수 있었는지도 조사하였습니다. 가장 잘 해결된 것은 "자신이 먼저 말을 걸도록 한다"로, 69.3%의 사람이 이 방법이 유효하다고 대답하였습니다. 참고로 "그 사람을 피한다"라는 방법은 별로 효과적이지 않았는지, 27.5%의 사람만이 효과를 실감하였습니다.

피할 수 있다면 피하면 좋겠으나, 피할 수 없다면 직면하는 것도 방법이에요. 싫은 사람으로부터 무조건 도망쳐도 근본적인 문제 해결로 이어지지 않고 오히려 부담만 늘어나는 경우도 많지요. 그럴 때는 작정하고 먼저 적극적으로 말을 걸어봅시다. 상대에게 호감을 얻을 수 있을지도 모르고, 혐오감도 서서히 줄어들지 모릅니다.

29

'싫어'가 '좋아'로 바뀌는

놀랄 만큼 쉬운 방법

인간에게는 적응하고 익숙해지는 본능이 있습니다.

아무리 싫은 것이라도 어느 정도 접촉 횟수를 늘리면 점차 크게 거슬리지 않고 익숙해지죠.

싫어하는 채소도 억지로라도 입에 넣으려고 하다 보면, 어느새 거슬리지 않게 되고 '아주 좋아지는' 일도 드물지 않습니다.

인간에게도 같은 말을 할 수 있습니다.

"성격이 맞지 않아."

"전생에 원수였을지도 몰라."

그렇게 느낄 만큼 미운 사람일지언정 억지로라도 부대끼다 보면 훨씬 거슬리지 않게 됩니다. 이것을 심리학에서는 '단순 접촉 효과'라고 불러요.

단순 접촉 효과

더블린 대학교의 멜리사 페스킨은 여러 가지 여성의 이미지를 보게 하고 그 매력을 묻는 실험을 하였습니다.

또한 여성의 이미지는 단 한 번만 제시되는 것이 있는가 하면, 여섯 번이나 나오는 이미지도 있었는데 반복해서 보여준 이미지일수록 조금씩 매력을 높게 평가하는 것을 알 수 있었습니다.

우리는 처음에는 조금 신경 쓰이는 부분이 있더라도 몇 번이나 같은 얼굴을 보게 되면 익숙해집니다. 나아가 '친근함'까지 느끼게 됩니다.

무조건 싫어하는 사람으로부터 도망치지 말고 마주하는 편이 좋다고 제가 말하는 이유를 알 수 있을까요?

"난 그 사람이 싫어서……." 하며 피하다 보면 언제까지고 혐오감은 사라지지 않습니다. 용기를 내어 먼저 말을 걸고, 가끔 같이 밥도 먹다 보면 처음보다 훨씬 거슬리지 않게 될 거예요. 어둠 속에 계속 있다 보면 어느새 눈이 어둠에 익숙해지죠. 그것과 같은 일이 인간 사이에서도 종종 일어납니다.

인간은 복잡한 듯하면서 사실은 단순한 측면도 지녔습니다. 접촉 횟수를 늘리는 것만으로 싫었던 것이 좋아지다니 놀라운 일이지요. 누군가를 싫어하는 마음에 휘둘리는 중이라면 단순 접촉 효과를 노려보세요.

이 작전의 장점은 자신이 먼저 적극적으로 상대에게 다가가야 한다는 것. 그러면 상대에 대한 당신의 혐오감도 줄일 수 있을 뿐만 아니라 상대가 당신에게 호감이나 매력을 느낄 수도 있어요. 감정은 상대적이라서 당신이 노력한다는 걸 상대가 느끼면 상대도 당신에 대한 감정이 바뀝니다. 즉, 서로 행복해지는 그야말로 훌륭한 방법이에요.

불편한 사람과 거리를 좁히는 법

불편한 사람과는 일부러 거리를 좁히도록 나서보자는 이야기를 하였습니다.

여기서는 거리를 좁히기 위해 유효한 세 가지 방법을 소개하겠습니다.

° 노래방에서 같이 노래하기

스탠퍼드 대학교의 스콧 윌터머스는 세 명씩 그룹을 지어 대학 캠퍼스 주변을 걷게 하였습니다. 그때 한 그룹에는 "가능하면 세 명이 보조를 맞추도록" 지시를 내렸습니다. 다른 그룹에는 그런 것을 요구하지 않았습니다.

산책이 끝나고 다시 실험실로 모이게 하여 협력하는 게임을 시키자, 보조를 맞추고 걸어온 그룹이 더 협력 반응이 좋게 증가한 것을 알게 되었습니다.

예전에 회사에서는 조회 시간에 모두 사가社歌를 부르거나 체조를 하는 습관이 있었습니다. 심리학적으로 말하면 이것은 무척 좋은 일입니다. 아마 사원의 단결력을 높이고, 신뢰감과 친밀감을 높이는 데

도움이 되었겠지요.

요즘은 이런 강제 참여 프로그램은 갑질에 해당한다며 개최하지 않는 회사가 늘고 있지만, 그 효과를 무시할 수는 없습니다.

누군가와 함께 친목을 다질 때 간편하게 갈 만한 곳은 노래방이겠죠. 둘이서 함께 부를 수 있는 곡을 골라 상대에게 마이크를 건네고 같이 열창해 보세요. 노래방을 나갈 무렵에는 상대에 대한 혐오감이나 불편한 마음이 훨씬 누그러져 있을지도 몰라요.

° 게임을 하며 놀기

헤브라이 대학교의 타르 라비노비치는 동성 2명을 한 팀으로 74쌍을 만들어 전자 타악기를 연주하게 했습니다. 또한 자신과 상대가 어떤 리듬으로 퍼커션을 두드릴지는 정면에 놓인 커다란 스크린을 보며 확인할 수 있게 했습니다.

같은 리듬으로 행동하면 친밀도가 높아진다

(출처: Rabinowitch, T. C., et al., 2015)

라비노비치는 그룹을 반으로 나누어 절반은 한 팀인 사람과 같은 리듬으로 두드리게 기계를 조작해 두고, 나머지 절반은 다른 리듬으로 두드리게 했습니다.

그렇게 연주가 끝나고 두 사람이 서로에게 얼마나 친밀감을 느꼈는지 6점 만점으로 대답하게 하자, 위와 같은 결과가 나왔습니다.

같은 리듬으로 악기를 두드렸더니 그것만으로도 친밀도가 높아진 것입니다.

퍼커션을 같이 두드릴 만한 자리가 없다면 스마트폰 앱으로 음악 게임이라도 다운로드하여 같이 놀아보는 것은 어떨까요?

° 음식을 공유하기

시카고 대학교의 케이틀린 울리는 동성 2명을 한 조로 만들어 같은 음식 또는 다른 음식을 각각 먹게 하고, 투자가 역할과 펀드 매니저 역할로 나누어 실험을 했습니다.

투자가 역할을 맡은 사람에게는 3달러를 주고, 그 3달러 중 원하는 금액을 펀드 매니저에게 투자하라고 합니다. 그러면 그 금액의 두 배를 펀드 매니저 역할을 한 사람의 몫으로 줍니다. 그리고 펀드 매니저 역할을 맡은 사람은 원하는 금액을 투자가에게 돌려줍니다.

서로 최대한 이득을 얻기 위해서는 투자가 역할을 맡은 사람은 3달러를 모두 상대에게 건네야 합니다. 펀드 매니저는 6달러를 얻을 수 있으므로, 6달러 중 3달러를 상대에게 돌려준다는 선택을 하면 서로 3

달러씩 받을 수 있습니다.

그러나 투자가가 3달러를 건네도 펀드 매니저가 6달러를 공평하게 반으로 나누는 것이 아니라 자신이 5달러를 취하고, 1달러만 돌려줄 가능성도 있습니다. 자신이 상대를 신용해도 상대는 배신할 가능성이 있는 겁니다.

이 작업을 통해 재미있는 것을 알아냈습니다. 사전에 미리 같은 음식을 먹은 조에서는 투자가가 3달러 중 평균 2.40달러를 상대에게 건넸습니다. 다른 음식을 먹은 조에서는 투자가가 평균 1.86달러밖에 건네지 않았습니다. 이것으로 음식을 공유한 그룹이 상대를 더 신용하고 행동하는 것을 알 수 있습니다.

음식을 공유하면 서로 마음이 통하게 됩니다.

비즈니스의 세계에서는 점차 회식이 크게 줄어들어드는 경향이지만, 같이 식사를 하는 것은 친목을 다지는 데 무척 효과적인 방법입니다. 가까워지고 싶은 사람이나 불편해서 마음이 껄끄러운 사람과도 같이 식사할 기회를 늘리면 좋을 듯합니다.

4장

행동을 바꾸면 마음도 바뀐다

30

마음을 다치기 쉬운 것은
나쁜 자세가 원인일지도?

우리의 마음은 몸과 밀접하게 연결되어 있습니다. 이 장에서는 마음이 좋아지게 하는 몸 사용법을 알려줄게요.

먼저 자세부터. 등을 굽히고 고개를 숙인 자세를 취하면 기분은 점점 가라앉습니다. 반대로 등을 곧게 펴고 가슴을 활짝 펴면 마음이 단단해지는 걸 느낄 거예요.

이것은 심리학 실험으로도 밝혀졌습니다.

등을 쭉 펴면 '행복한 미래'가 다가온다

스페인 마드리드 대학교의 파블로 브리뇰은 71명의 대학생을 둘로 나누어, 한 그룹에는 좋은 자세(가슴과 등을 펴는 것)를 취하게 하고, 다른 그룹에는 나쁜 자세(등을 굽히는 것)를 취하게 하며 "장래에 당신이 하는 일은 잘될 것 같습니까?"라고 질문했어요.

잘되어 간다는 자신이 있다면 9점을, 전혀 자신이 없다면 1점을 고르게 하였는데 결과의 평균값을 내니 다음의 그래프처럼 되었습니다.

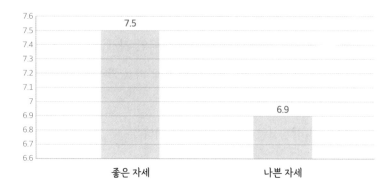

가슴을 펴기만 해도 마음이 강해진다

(출처: Brinol, P., et al., 2009)

좋은 자세만 취해도 자신이 잘될 거라는 긍정적인 예상으로 쉽게 이어진다는 걸 알 수 있지요.

만약 여러분이 걱정 많거나, 억울함을 쉽게 느끼는 타입이라면 그것은 어쩌면 '마음이 약한 것'이 아니라 '자세가 나쁜 것'에서 올 가능성이 있다는 걸 명심하세요.

일단 우울해진 마음은 쉽게 원래대로 되지 않습니다. 평소에도 자세를 신경 쓰도록 합시다. 등을 곧게 펴고 가슴을 펴는 것. 그런 자세로 매일 지내다 보면 불안함에 지지 않는 강한 마음을 얻을 수 있습니다.

31

턱을 조금 들고 시선을 멀리 보면

자신감이 생긴다

시합 중에 선수가 고개를 숙이면 코치나 감독이 "턱 들어!" "고개 들어!" 하고 큰소리로 질타하는 장면을 스포츠 중계 등에서 볼 수 있습니다.

왜 자꾸 그런 말을 하는가 하면, 턱을 내린 자세는 상대에게 항복하겠다는 마음을 드러내기 때문입니다. 그런 자세를 취하면 시합에서 이길 리가 없습니다. 그래서 코치나 감독이 "턱 들어!"라고 단호하게 지시하는 거예요.

등을 굽히고 있으면 기분이 가라앉는다고 했는데 턱도 마찬가지예요. 턱을 내려서는 안 됩니다. 항상 턱은 조금 든 자세를 유지하는 것이 중요합니다.

턱을 들게 되면 "나는 무엇이든 할 수 있다"라는 전능함 같은 것이 꽉 차오르면서 자신감을 높일 수 있습니다.

시험의 정답률 상승

콜로라도 대학교의 토미 로버츠는 60명의 대학생 남녀에게 턱을 든 상태 또는 턱을 내린 상태로 수학 문제 19개를 푸는 실험을 하였습니다.

그 결과 턱을 든 상태인 쪽의 정답률이 상승한 것을 알 수 있었습니다. 턱을 든 상태로 문제를 푼 학생들이 특별히 더 머리가 좋은 게 아닙니다. 할당된 문제는 모두 랜덤이었습니다.

그런데도 양쪽의 결과가 확연히 다르게 나온 까닭은 턱을 든 그룹에서 '자신감이 솟구친다'는 심리 효과를 확인할 수 있었던 거예요. 확실히 턱을 든 자세만으로도 결과적으로 안도감이 생겨 시험에 자신 있게 임할 수 있었던 거죠. 덕분에 정답률도 따라서 올라간 것입니다.

일상생활에서도 가능하면 턱을 들도록 의식합시다. 출퇴근을 할 때는 턱을 들고 시선을 높여 가능하면 시선을 멀리 두어보세요. 땅바닥만 내려다보면 어깨가 축 처지고 자신감만 잃을 뿐입니다.

스마트폰을 너무 많이 보는 것도 주의해야 합니다. 인터넷 서평과 동영상 시청, 게임 등에 너무 열중하면 자칫 앞으로 어깨가 잔뜩 수그러든 자세가 되기 쉽습니다.

그 탓에 '거북목(스트레이트 넥)'이 되어 버리면 기분이 가라앉을 뿐만 아니라 두통과 어깨 결림 등 신체적 고통에 시달리게 되고 맙니다.

출근하는 전철 안에서라도 스마트폰을 잠시 넣어두세요. 턱을 들고 창밖으로 지나가는 풍경을 바라보면 자연히 마음이 차분해지고 기분이 상승하여 일도 잘될 테니까요.

32

‘파워 포즈’로 약해진 마음에
활기를 되찾자

마음이 괴롭다고 느끼면 히어로 영화에 나오는 주인공 같은 포즈를 취해 보세요. 예를 들면 울트라맨이나 가면라이더, 프리큐어처럼 말이에요.

심리학에서는 히어로가 할 법한 포즈를 '파워 포즈'라고 부릅니다. 그런 자세를 취하면 정말 자신이 강해진 듯 느껴져 기운이 넘쳐요.

"거짓말이지?!"라고 생각할 사람도 있을지 모르겠지만, 파워 포즈에 대해서는 실제 많은 연구 결과가 있습니다.

케임브리지 대학교의 이은희는 실험자에게 우선 파워 포즈를 취하기 전에 책이 든 상자를 들어보게 한 뒤 몇 킬로그램이나 나갈 것 같냐고 묻고, 이어서 파워 포즈를 취한 뒤 다시 책이 든 상자를 들어보라고 하여 각각의 무게를 추측하도록 했습니다.

파워 포즈를 취하기 전에는 평균적으로 '3.17kg'이라고 추측된 상자가 파워 포즈를 취한 뒤에는 평균 '2.83kg'이라고 느껴진 거예요. 똑같은 상자인 데도요. 파워 포즈를 취하면 무거운 것이라도 가볍게 느끼는 현상이 나타나는 거죠.

또 다른 연구도 소개하겠습니다.

텍사스 A&M 대학교의 케이티 게리슨은 실험 참가자에게 파워 포즈(머리 뒤로 손을 모으고, 발을 테이블 위에 얹은 거만한 자세)나, 기운이 없는 포즈(발을 모으고 의자에 앉아 고개를 숙인 자세)를 취하게 한 다음, 비슷한 협상을 하게 했어요. 그런데 파워 포즈를 취한 조건에서는 1.71배나 강하게 금액을 제안한 것으로 나타났습니다.

협상할 때 약한 태도를 취하기 쉬운 사람은 협상에 임하기 전 화장실 칸에 들어가 몰래 1, 2분쯤 파워 포즈를 취해 보는 것이 좋겠어요. 그러면 훨씬 자신감 있고 강한 태도로 협상을 이끌 수 있게 될 거예요.

주먹을 쥐기만 해도 OK

"파워 포즈를 취하는 건 좀 부끄러워……."라고 생각하는 사람도 있겠죠. 그런 사람은 주먹을 쥐어 봅시다.

포르투갈에 있는 리스본 대학교의 토마스 슈베르트는 실험군에는 주먹을 쥐게 하고, 비교를 위한 대조군에는 가위바위보의 가위 자세를 취한 상태로 심리 테스트를 받게 하였습니다. 그 결과 주먹을 쥐고 있는 시험군이 더 적극적이고 자신 있게 대답하였습니다.

왜 주먹을 쥐는 것만으로 갑자기 적극성이나 자신감이 높아졌을까요?

그 이유는 주먹이 싸울 때 취하는 자세이기 때문입니다. 사람을 때릴 때의 자세를 취하면 우리의 마음은 무의식중에 '전투 준비'를 하며 적극적이 되는 게 아닐까 추측합니다.

마음이 약해졌을 때는 강해 보이는 포즈를 취해 보세요.

마음에 힘이 솟구치는 것을 실감할 수 있을 것입니다.

33

팔을 흔들며 성큼성큼 걸으면
행복도가 올라간다

우리의 심리는 어떤 자세를 취하는가에 따라 크게 달라진다는 이야기를 했습니다. '걸음걸이' 역시 감정에 큰 영향을 주는 것을 알 수 있어요.

자신이 어떻게 걷는지 평소에는 별로 신경 쓰지 않겠지만, 사실 긍정적인 마음을 유지하기 위해서는 무척 중요한 일입니다.

미국 플로리다주에 있는 애틀랜틱 대학교의 세라 스노드그래스는 참가자에게 3분씩 걷게 하는 실험을 하였습니다.

참가자 중 절반은 큰 폭으로 팔을 크게 흔들며 걷게 하였습니다. 나머지 절반에는 작은 폭으로 느릿느릿 고개를 숙이고 걸으라고 지시하였습니다.

그리고 자신이 느낀 행복도를 측정하게 하자, 큰 폭으로 팔을 흔들며 걸은 그룹이 행복도가 더 올라간 것을 알 수 있었습니다. 성큼성큼 걷는 걸음걸이가 우리를 행복한 기분으로 만들어주는 거예요.

"왠지 마음이 울적해서 견딜 수가 없다."
"무엇을 해도 즐겁지 않다."
"무엇을 먹어도 맛있지 않다."

만약 그런 증상이 있다면 걸음걸이를 바꾸어 보는 게 어떨까요? 당장 밖으로 나가서 팔을 크게 흔들며 성큼성큼 힘차게 걸어 보세요. "어라, 왠지 슬슬 기분이 올라가기 시작하는데?" 하고 느끼게 될 것입니다.

깜짝 놀랄 만큼 기분이 상승

컨디션이 조금 안 좋다고 느낄 때도 이 걸음걸이는 도움이 됩니다. 컨디션이 나쁠 때는 몸도 무겁게 느껴지겠지만, 애써 기운을 내 가능하면 큰 폭으로 걸어보는 것입니다.

'병은 마음에서'라는 말도 있듯이 건강한 걸음걸이를 해보면 행복한 기분이 들고, 안 좋은 컨디션에 휩싸였더라도 크게 신경 쓰지 않게 될지 모릅니다.

공원 같은 곳에서 크게 팔을 흔들며 걷기 운동을 하는 사람을 본 적이 있겠죠. 본래 걷기 운동 자체에 마음 리프레시 효과가 있으므로, 크게 팔까지 흔드는 자세로 걷다 보면 분명 행복도까지 높아집니다. 일석이조의 효과라고도 할 수 있죠.

물론 길거리나 사람이 많은 역에서는 크게 팔을 흔들며 걷는 게 다른 사람에게 피해를 줄 수 있으니까 삼가는 편이 좋겠지만, 주변에 사람이 없는 곳에서는 크게 팔을 흔들어 봅시다. 단지 목적지로 가기 위해서만 걷는 게 아니라 자신의 기분을 전환시키기 위해 힘차게 걸어보세요. 정말 깜짝 놀랄 만큼 명랑한 기분이 들거예요.

34

의외로 얕볼 수 없는
'싱글벙글' 효과

불쾌함을 느껴도 불쾌한 표정을 짓지 마세요. 설령 거짓 흉내라도 기분 좋고, 쾌활하고, 밝은 표정을 짓도록 합시다. 단지 흉내여도 괜찮습니다. 기분 좋은 척이라도 하면 정말 기분도 좋아지기 때문입니다.

심리학 교과서를 읽어본 사람이라면 "슬프니까 우는 것이 아니라, 우니까 슬퍼지는 것이다"라는 법칙을 배웠을 거예요.

'제임스-랑게 이론'이라 불리는 심리 법칙입니다.

우리의 감정은 어떤 표정을 짓고 있느냐에 따라 달라집니다.

아무리 신경질이 나고, 아무리 마음이 언짢아도 불쾌한 표정을 짓지 말고 생글생글 미소를 지으면 정말 즐거운 기분이 듭니다. 쉽게 화를 내는 사람은 평소에 싱글벙글 웃는 표정을 많이 연습해 보세요. 사소한 일에 신경질이 나는 일이 훨씬 줄어들 거예요.

독일 만하임 대학교의 프리츠 스트랙은 네 개의 만화를 읽고 얼마나 재밌는지를 평가하는 실험을 실시했습니다. 다만 만화를 읽을 때, 한 그룹에는 웃는 얼굴, 다른 그룹에는 찌푸린 얼굴로 읽게 하였습니다.

그리고 네 개의 만화에 대한 재미를 묻자, 웃는 얼굴로 읽은 그룹은 10점 만점에 5.14점이라고 대답한 반면, 찌푸린 얼굴로 읽은 그룹은 평균 4.32점이라는 결과가 나왔습니다. 웃는 얼굴로 읽으면 같은 만화를 읽어도 즐거운 기분이 들었던 거예요. 찌푸린 얼굴로 읽으면 같은 만화도 재미의 정도가 확 줄어들어 버리죠.

웃는 얼굴을 연습해 보자

흉내를 내는 것만으로도 정말 기분이 좋아진다니 이렇게 좋은 일은 또 없을 거예요. 근무 시간 중에도, 목욕하는 중에도, 전철을 타고 있을 때도 시간이 나면 입꼬리를 올리고 조금씩 웃는 얼굴을 연습해 보세요.

웃는 얼굴 연습은 그리 어렵지 않습니다. '이' 발음을 낼 때의 입 모양을 만들면 자연스럽게 입꼬리가 올라갑니다. 잠시 그 표정을 유지하기만 하면 됩니다.

미간을 찡그리고 불쾌한 표정을 지으면 아무도 다가와 주지 않습니다. 싱글벙글 웃는 사람에게 사람이 모이는 법입니다.

고독한 인생을 걷고 싶지 않다면 가능한 한 웃는 얼굴을 많이 보이도록 합시다. 싱글벙글 웃고 있으면 자신이 먼저 말을 걸지 않아도 타인이 먼저 다가와 말을 걸어주게 될 거예요.

35

기분이 울적한 때일수록

명랑한 목소리를 내보자

자신이 좋아하는 사람이 "안녕" 하고 인사하면 상대도 들뜬 목소리로 "안녕!" 하고 대답하게 됩니다. 반면에 불편한 사람이 인사하면 "……안녕" 하고 힘없이 대답하게 되죠.

기분이 울적하면 자신도 모르는 사이에 목소리에 힘이 없어지고, 즐거운 기분일 때는 저절로 밝고 명랑한 목소리가 나오는 법입니다.

그럼 이 인과관계는 반대로도 작용할 수 있지 않을까요? 기분이 좋을 때 명랑한 목소리가 나온다면, 의식적으로 명랑한 목소리를 냈을 때도 기분이 좋아지지 않을까요?

사실은 바로 이렇습니다.

평소보다 조금 높은 목소리가 효과적

파리 제6대학교(또는 피에르 마리 퀴리 대학교)의 장 오쿠투리에르는 낭독하는 자신의 목소리를 헤드폰으로 듣는 실험을 한 적이 있습니다.

다만 참가자가 헤드폰으로 듣는 자신의 목소리는 본래의 목소리가 아니라 몰래 기계적인 변환기로 피치나 억양을 미묘하게 높게 조정한 것입니다. 참고로 피치나 억양을 높이면 행복한 목소리로 들리게 됩니다.

자, 어떤 일이 벌어졌을까요?

참가자는 미세하게 조정된 자신의 목소리를 헤드폰으로 듣고 놀랍게도 그 뒤에 행복한 기분이 되었다고 합니다. 명랑하고 들뜬 자신의 목소리는 당신을 행복하게 한다는 것입니다.

그러니 평소에 목소리를 낼 때는 즐겁게 들리도록 밝은 목소리를 내봅시다. 구체적으로는 높은 음계의 목소리를 내도록 의식해 보세요. '도'나 '레' 같은 낮은 음계의 소리를 내면 우울한 기분이 들테니, 의식적으로 '솔'이나 '라' 음계를 내도록 해보면 점점 즐거워지겠죠.

기분이 가라앉을수록 목소리가 낮게 축 처지기 쉽습니다. 그런 때일수록 일부러라도 조금만 높은 소리를 내볼 것을 추천합니다. 푹 가라앉은 기분이 한결 가볍게 떠오를 테니까요.

36

아무도 없는 조용한 장소를
긴급 대피소로

예민한 사람 또는 섬세한 사람은 자극에 과잉 반응하기 쉽다는 특징이 있습니다. 커다란 소리나 깜박거리는 빛 같은 자극에 다른 사람보다 더 크게 반응하는 거죠.

벨기에 겐트 대학교의 소피 보테르베르그는 '매우 예민한 사람'에게 시끄러운 장소는 그 자체로 불편하고, 남이 보지 않을 때 더욱 능률이 오르며, 흥분한 날에는 쉽게 잠들지 못하고, 작은 고통에도 온 신경이 곤두선다는 특징이 있음을 밝혀냈습니다.

예민한 사람은 가능하면 풍요로운 자연환경이 갖추어진 시골이 더 살기 편하지만, 그렇다고 해도 직장 문제도 있을 테니 시골로 거주지를 옮기기는 어려울지도 모릅니다. 이런 경우에는 어떻게 하면 좋을까요?

최선의 방법은 당장 긴급 대피하는 것입니다.

화장실 개인 칸에서 평정심을 되찾자

아무리 도시라도 구석구석 찾아보면 '자극이 적은 곳'이 꽤 있습니다. 아무도 오지 않는 비상계단이나 옥상, 사람이 없는 탕비실이나 자료실 등 찾으면 얼마든지 대피소를 찾을 수 있습니다.

온 신경계가 날선 듯이 느껴지면 혼자 조용히 숨을 고를 수 있는 장소를 대피소로 삼읍시다. 아주 잠깐이라도 아무도 오지 않는 곳에서 심호흡을 하고 마음을 진정시키면 평정심을 되찾을 수 있습니다.

사무실에서 확실히 아무도 오지 않는 곳은 화장실 개인 칸입니다. 안에 틀어박혀 잠시 눈을 감아보세요. 주변 소리가 신경 쓰인다면 귀마개를 해도 되고, 이어폰을 끼고 음악을 듣는 것도 효과적입니다. 시각, 청각을 차단하고 1, 2분쯤 기다리면 마음이 조금씩 진정될 것입니다.

완전히 같은 자극이라도 사람에 따라 받아들이는 법이 달라요. 다른 사람에게는 '전혀 신경 쓰이지 않는 자극'이라도, 매우 예민한 사람에게는 마음을 흐트러뜨리기에 충분합니다.

공원 벤치에서 일광욕을 하는 장면을 상상해 보세요. 그곳에 아이가 몇 명 찾아와 놀기 시작합니다. 그들의 목소리를 들으며 "활기차고 좋구나" 하고 눈웃음을 짓는 사람도 있는가 하면, "시끄럽네" 하고 인상을 찡그리는 사람도 있겠지요.

만약 자신이 물리적인 자극에 대하여 쉽게 과잉 반응하는 타입이라면, 정신적으로 예민한 사람이라고 여기면 틀림없을 거예요. 자신이 그런 타입임을 알면 되도록 자극이 적은 장소를 찾아두는 것을 추천합니다.

37

하루에 5분만
환경 자극을 차단하자

스페인에서는 조금 길게 낮잠 자는 습관이 있어요. 이것을 시에스타라고 부릅니다. 우리 사회에서는 보통 점심시간이 대체로 한 시간 정도인 곳이 많아서 길게 낮잠을 잘 수는 없지만, 10분이라도 시간을 내어 낮잠을 자보세요.

낮잠을 잘 때의 팁은 아이 마스크를 반드시 쓰는 것입니다.

그냥 눈을 감고 있는 것만으로는 부족해요. 눈을 감고 있어도 밝은 빛이 들어와서 편안히 쉴 수 없습니다. 짧은 시간이라도 아이 마스크를 쓰면 푹 잠들 수 있어요.

덤으로 귀마개도 준비해 둡시다. 주변의 온갖 소리를 차단하여 팽팽해진 신경끈을 조금 느슨하게 쉬도록 해주는 거예요.

캐나다에 있는 브리티시 컬럼비아 대학교의 피터 수에드펠드는 고혈압 환자를 깜깜하고 조용한 방에서 잠시 쉬도록 했는데 그것만으로도 혈압이 내려갔습니다.

주변 환경으로부터 여러 가지 자극을 받으면 우리의 감정은 항상 고조되고 맙니다. 눈에 들어오는 자극이나 귀로 들어오는 자극을 없애는 것으로 마음을 환기시킬 수 있어요. 이러한 방법을 수에드펠드는 '환경 자극 제한 기법'이라고 부릅니다.

우리는 끊임없이 다양한 자극을 받고 있습니다. 그러한 자극을 완전히 없애기는 불가능하더라도 적절하게 제한하는 것으로도 높아진 긴장을 줄일 수 있어요. 아이 마스크와 귀마개의 도움만으로도 충분합니다.

단순히 눈을 감고 있기만 해도 시각적인 자극을 줄일 수는 있지만, 역시 아이 마스크를 착용하는 게 자극을 완전히 차단할 수 있어 추천합니다. 아이 마스크를 했을 때와 하지 않았을 때, 릴렉스 정도에는 커다란 차이가 납니다.

5분 만이라도

아무리 점심시간이라도 회사에서 낮잠을 자는 게 꺼려지고 마땅한 장소가 없을 수도 있어요. 그런 경우에는 그냥 자기 자리에서 해요. 5분간 아이 마스크와 귀마개를 착용하고 가만히 있기만 해도 효과적입니다. 주변 사람에게 "5분만 쉴게"라고 말해두면 말을 걸어오지는 않을 거예요. 점심시간이므로 그 정도의 휴식은 허용될 테죠.

하루에 아주 잠시라도 환경 자극을 차단하는 시간을 만들면 안정된 상태로 다음 업무를 수행할 수 있습니다.

발명왕 에디슨은 수면이 시간 낭비라고 생각하여 며칠이나 연속해서 안 자고 일을 했다고 하지만, 실제로는 짧은 낮잠을 자주 잤다고 합니다. 에디슨이 수면 부족인데도 활력이 넘쳤던 이유는 마음을 안정시키는 낮잠의 중요성을 알고 있었기 때문일지도 모릅니다.

우리에게는 무엇이 나에게 이로운지를 따지는 측면이 기본적으로 있습니다.

자신에게 이득이라고 생각하면 무엇이든 기쁘게 나설 수 있고, 아무것도 돌아오는 게 없다면 의욕이 생기지 않습니다.

이때 자신에게 동기를 부여하는 작용을 '인센티브'라고 부릅니다.

인센티브에는 다양한 형태가 있는데(현금, 쿠폰, 상품 등), 우리에게 가장 큰 인센티브는 역시 '돈'이겠죠. 돈을 받을 수 있다면 우리는 싫은 일이라도 즐겁게 할 수 있습니다.

미국 브라운 대학교의 낸시 버넷은 13명의 헤비 드링커를 모아 첫 일주일은 평소처럼 술을 마시게 했습니다. 2주일째부터는 알코올 센서가 달린 팔찌를 손목에 착용하고 생활하게 했습니다. 이때 술을 마시지 않고 참을 수 있다면 5달러의 보수를 주기로 했습니다.

그 결과 첫 일주일은 8.8%의 사람만 금주에 성공했지만, 돈을 받을 수 있는 2주일째에는 69.2%의 사람이 금주에 성공했습니다. 3주일

째에도 성공률은 65.9%였습니다.

그냥 "술을 삼가주세요"라고 해도 좀처럼 금주하지 못했지만, "돈을 받을 수 있어요"라고 하자 훨씬 의욕이 생긴 거예요.

° 자신에게 인센티브를

금액은 그리 크지 않아도 됩니다. 사실 하루에 1달러라도 괜찮습니다. 노스캐롤라이나 대학교의 헤이즐 브라운은 미국에서 행한 '1일 1달러 프로그램'에 대하여 검증하였습니다.

이 프로그램은 13세부터 16세 사이에 출산한 65명의 여성을 모아 피임을 하면 하루에 1달러를 주는 것입니다.

하루에 1달러라는 아주 적은 보조금이더라도 5년간 프로그램을 실시하는 동안 둘째 아이를 임신한 사람은 겨우 15%였습니다. 85%의 여성이 매일 돈을 받을 수 있다면 피임에 신경 쓰는 행동을 취한 거예요.

인센티브라고 하면 막대한 금액을 준비해야 한다는 이미지가 있지만, 전혀 그렇지 않습니다. 아주 적은 돈으로도 충분합니다. 우리는 아무리 적더라도 돈을 받을 수 있다면 기쁘게 실천합니다.

내키지 않는 일을 맡게 되면 스스로 인센티브를 설정하는 게 좋습니다. 돈이 제일 효과적이지만, 자신에게 직접 돈을 줄 수 없으므로 "약간의 사치를 즐기자" 같은 설정을 짜는 것을 추천합니다.

"편의점에서 평소에는 사지 않는 비싼 디저트를 산다."

"싸구려 술이 아니라 수제 맥주를 마셔도 된다."

"갖고 싶던 가방을 사는 것을 허락한다."

이런 인센티브가 있으면 힘든 일도 극복할 수 있을 것입니다.

5장

흔들리지 않는 자신감을 키우자

38

'이 일이 잘 끝나면'

성공 이미지를 그려보자

부정적인 감정은 생각하기에 따라 얼마든지 긍정적인 감정으로 바꿀 수 있어요. 예를 들어 자신에게는 벅찬 어려운 일을 맡았다고 합시다. 제대로 해낼 수 있을지 불안하고 앞으로 하게 될 고생을 상상하면 미리부터 긴장감에 휩싸일 거예요. 그럴 때는 잘 끝냈을 때의 이미지를 떠올려 보세요.

"이 일을 무사히 달성하면 맥주 맛이 진짜 끝내주겠지."
"무사히 해내면 가고 싶던 곳으로 여행 가자."

그렇게 생각하면 마음이 들뜨지 않나요?

이것도 모두 긴장감과 불안함이 있기에 가능한 일입니다. 평범한 일을 맡아 끝냈을 때는 아무리 완결 후의 이미지를 상상해도 이러한 흥분은 맛볼 수 없을 테니까요.

긴장과 불안이 상쾌함을 더한다

프랑스에 있는 랭스 대학교의 파비엥 르그랑은 보주산에 있는 테마파크에 가서 롤러코스터를 타려고 기다리는 사람들에게 말을 걸었어요.

"얼마나 무서우세요?"

그리고 타고 내려온 사람에게 다시 한번 말을 걸어 "지금은 얼마나 상쾌하시죠?"라고 물었습니다.

그 결과 롤러코스터를 타기 전에 불안감이 높았던 사람들일수록 끝나고 난 뒤 더 크게 상쾌함과 흥분을 느낀다는 사실을 알게 되었습니다.

긴장과 불안이 없는 사람은 상쾌함도 없습니다. 그러니 긴장과 불안이 없는 것은 절대 좋은 일이 아닙니다.

저는 강연회나 세미나에서 말하는 것을 별로 잘하지 못합니다. 몹시 긴장되어 전날에는 잠도 잘 못 잘 정도죠.

"그렇게 긴장할 거면 강연 일은 거절하면 될 텐데……"

누군가 이렇게 생각할지도 모르지만, 저는 무턱대고 거절하지 않습니다. 사실 대중 앞에서 말하는 것은 어색하지만, 일이 끝나면 말로는 형용할 수 없는 기쁨과 흥분을 맛볼 수 있기 때문입니다. 믿을 수 없을 만큼 상쾌합니다. 이런 기분을 맛보고 싶어 저는 대중 앞에서 말하는 일을 기꺼이 수락하고 있습니다.

압박감이 의욕으로 이어지는 이야기를 하였는데 마찬가지로 긴장과 불안 역시 흥분으로 이어집니다. 그렇게 생각하면 압박감과 불안이라는 부정적인 감정은 별로 부정적이지 않을뿐더러 오히려 긍정적인 감정이라고 표현해도 좋을지 모릅니다.

"긴장이 따라오는 어려운 일은 하고 싶지 않아."

회피하고 싶은 마음을 달래보세요.

"힘들수록 잘 마친 뒤의 짜릿함이 크지. 더욱 흥분할 수 있는 일을 맡겨주면 좋겠다."

마음을 바꾸어 하나씩 해나가면 지금보다 더 강하고 단단한 사람으로 성장할 거예요.

39

한계를 넘는 상상으로
진짜 한계를 넘을 수 있다

우리는 종종 자신의 잠재 능력을 잘못 파악합니다. 사실은 한계점이 더 앞에 있는데 "난 이 정도밖에 하지 못해" 하면서 능력치에 훨씬 못 미치는 중간 지점에 멋대로 한계를 정해버리죠.

'할 수 없다'고 생각하면 정말 '할 수 없게 되는 것'은 당연한 결과예요.

"나의 실력은 절대 이 정도가 아니다."

"나의 한계점은 더욱 앞에 있다."

"진지하게 임하면 어떻게든 좀 더 해낼 수 있을지도 모른다."

이런 식으로 자신을 격려해 보세요. 그럼 훨씬 더 나은 성과를 낼 수 있어요.

전속력을 뛰어넘은 자신을 보며

영국 노섬브리아 대학교의 마크 스톤은 우리가 생각보다 간단하게 자신의 한계를 뛰어넘을 수 있다는 걸 매우 독특한 실험으로 검증하였습니다.

스톤은 10명의 자전거 경주 선수를 모아 사이클 머신에 오르게 했어요. 그리고 4,000미터를 전속력으로 달리게 했죠. 최선을 다해 자전거를 타는 모습은 비디오로 모두 녹화하였습니다.

그리고 시간을 두고 이번에는 자신이 최선을 다해 페달을 밟는 영상을 눈앞에 설치한 스크린으로 보며 다시 한번 같은 4,000미터를 달리며 시간을 쟀습니다.

그런데 두 번째 도전에는 선수들에게는 비밀로 어떤 조작을 해두었습니다. 처음 자신이 자전거 페달을 밟는 영상의 속도를 102%로 설정하여 아주 조금 빠르게 한 것입니다.

그러자 어떤 결과가 나왔을까요?

똑같이 전속력으로 달렸어도 두 번째 도전에서는 자신이 생각했던 것보다 더 빠른 기록으로 4,000미터를 달릴 수 있었습니다.

어느 정도 일에 익숙해지면 우리는 멋대로 한계를 만들고 맙니다. "나에게는 이 정도 업무량이 한계야"라고. 그것은 터무니없는 말이에요. 사실 당신의 한계점은 더욱더 멀리 있습니다.

때로는 '한계를 뛰어넘어 일하는 이미지'를 구체적으로 머릿속에 그리며 일해 보세요. 어느새 분명히 그 한계를 가볍게 뛰어넘은 자신을 볼 수 있을 것입니다.

40

불가능하다고 생각하면
정말 불가능해지므로 주의

역도에 용상이라는 종목이 있습니다. 바를 단숨에 어깨까지 들어 올리고, 이어서 머리 위로 든 채 정지하는 경기입니다.

일찍이 이 용상 경기에는 '500파운드의 벽'이 있다는 말이 만연했습니다. 인간은 신체 구조적으로 500파운드(227킬로그램)의 무게를 들어 올리는 것은 불가능하다는 뜻입니다.

그런데 이 500파운드의 벽은 어느 순간 쉽게 깨지고 말았습니다. 한계를 깨뜨린 사람은 러시아의 바실리 알렉세예프입니다.

그는 그 전에 499파운드까지는 들어 올리는 데 성공했습니다. 어느 대회에서도 자신의 기록인 499파운드의 바를 들 생각이었는데 그만 담당자의 실수로 500파운드를 조금 넘는 무게를 들게 된 것입니다.

재미있게도 알렉세예프가 500파운드의 벽을 넘자, 다른 사람들도 "뭐야, 500파운드의 벽 따위는 없었잖아."하고 깨닫게 되었다는 것입니다. 마음의 한계가 사라지자 얼마 지나지 않아 여섯 명의 선수가 차례로 500파운드의 벽을 뛰어넘었다고 합니다. 참고로 인터넷으로 검색하자 현재 용상의 세계 기록은 584파운드(265킬로그램)입니다. 500파운드를 훌쩍 뛰어넘었죠.

퍼포먼스의 좋고 나쁨은 마음먹기에 달렸다

또 하나 재미있는 예를 소개하겠습니다.

미국 버지니아 대학교와 독일 막스 플랑크 연구소의 멤버가 골프 퍼팅에 관한 실험을 실시하였습니다.

그들이 2011년에 발표한 〈Putting Like a Pro〉라는 논문에 따르면, 대상은 41명의 골프 경험이 있는 대학생. 경험과 기술 수준에 차이가 나지 않도록 고려하여 두 개의 그룹으로 나눈 뒤 2.13미터의 거리에서 10구를 퍼팅하도록 했습니다.

두 그룹이 사용한 것은 같은 퍼터입니다. 다만 한 그룹에는 2003년에 브리티시 오픈에서 우승한 벤 커티스 선수가 사용한 퍼터라고 전하고, 또한 그의 전적(PGA 투어 3승 등)을 자세히 알려주고 테스트를 실시했습니다. 다른 한 그룹에는 아무 말도 하지 않습니다.

그러자 놀라운 결과가 나왔습니다.

벤 커티스 선수가 사용한 퍼터라고 전한 그룹은 10번의 테스트 중 컵인 횟수가 평균 5.30번인 것에 비해 아무 말도 하지 않은 그룹의 평균 컵인 횟수는 3.85번에 그쳤기 때문입니다.

참고로 사용한 퍼터는 실제로 벤 커티스 선수가 사용한 것과 다른 것이었다고 해요.

'뛰어난 선수가 사용한 퍼터'라고 믿는 것으로 좋은 이미지가 생겨 그것이 퍼팅에 긍정적인 영향을 준 것입니다.

우리의 퍼포먼스는 본인이 어떤 것을 믿는지, 어떤 마음가짐인지에 따라 완전히 달라집니다.

좋은 마음가짐은 좋은 결과를 낳습니다. 반대도 성립하므로 나쁜 마음가짐은 나쁜 결과를 불러일으키니 주의하세요.

41

몇 번이든 반복하는 것만이
흔들림 없는 자신감을 익히는 지름길

피아니스트는 곡을 칠 수 있게 되면 연습을 그만둘까요? 아니요. 더욱 철저하게 연습하는 것이 일반적입니다.

그러지 않으면 진정한 의미에서 '자신의 것이 되지 않는다'는 것을 잘 알고 있기 때문입니다.

피아니스트처럼 일단 학습이 끝나도 더욱 연습을 계속하는 것을 '과잉 학습'이라고 부릅니다.

무언가 스킬을 익히고 싶다면 조금 가능해진 정도로 멈추어선 안 됩니다. 더욱 훈련을 거듭해야 합니다. 그렇게 해야 진짜 '자신감'을 익힐 수 있습니다.

조금 해낼 수 있게 되었다고 훈련을 그만두면 애매한 자신감밖에 익히지 못합니다. 어딘가 불안함이 남고 마는 것이죠. 그 불안함을 떨치려면 "이제 충분하겠지"라는 생각을 버리고 계속 반복해서 훈련해야 합니다. 반복적인 연습과 훈련만이 확실한 자신감을 만들 수 있어요.

노력은 배신하지 않는다

조지아 대학교의 스콧 아르도인은 학습 장애가 있는 남자아이에게 초등학생용 문장을 세 번 또는 여섯 번 소리 내어 읽게 했습니다. 발음을 틀린 단어는 매번 다시 가르쳤습니다.

같은 수준의 다른 문장을 읽게 했을 때 세 번 반복한 것만으로는 제대로 하지 못했지만, 여섯 번이나 반복했을 때는 술술 읽을 수 있게 된 것을 알 수 있었습니다.

'할 수 있게 된 상태'에서 그만두면 사실은 아직 할 수 있게 된 게 아닙니다. 더욱 배움을 이어가야 합니다. 집요할 만큼 반복하지 않으면 지식도, 기술도 익힐 수 없습니다.

"무엇을 해도 나는 어중간해" 같은 자각이 있다면 훈련이 부족하다는 뜻입니다. 중간에 연습을 그만둔 것 때문에 자신의 것이 되지 않은 거죠.

일상생활에서도 같은 말을 할 수 있습니다. 일에 익숙해졌다고 생각했을 때가 제일 위험하다고 흔히들 말하죠. 이것은 안 듯한 느낌이 들어 배움을 멈췄기 때문에 일어나는 문제입니다.

아무리 알게 되었더라도 자만하지 말고, 초심을 잊지 않고 꾸준히 작업을 계속 이어가는 사람만이 실수 없이 차근차근 일을 처리합니다. 그것을 반복하다 보면 확실한 자신감이 생기는 거예요.

노력은 우리를 배신하지 않습니다. 노력하면 할수록 "이만큼 했으니까" 하는 안심이 생기고 그것이 자신감으로 이어집니다.

42

'남은 남, 나는 나'를 잊지 말기

자녀가 부모에게 "친구들은 이미 다 갖고 있다"며 장난감이나 게임기, 자전거를 사달라고 졸라도 옛날 가정에서는 그리 쉽게 사 주지 않았습니다. 그때 부모가 자주 하는 말이 있습니다.

"남은 남이고, 우리는 우리야."

타인과 자신을 비교하여 부러워하거나 질투해서는 안 된다는 고마운 가르침입니다.

'남은 남, 나는 나'라는 가르침은 살아가는 동안 매우 도움이 됩니다. 행복한 인생을 살고 싶다면 타인과 자신을 비교하지 마세요. 특히 나보다 매력적이라든가, 나보다 돈이 많다든가, 나보다 잘난 사람과는 절대 비교해선 안 됩니다.

날씬한 모델과 자신을 비교하면

네덜란드에 있는 틸뷔르흐 대학교의 더크 스미스터스는 광고를 평가한다는 명목으로 62명의 여자 대학생을 모아 컬러 광고를 보여주었습니다.

나보다 잘난 사람과 비교하면 자신감을 잃는다

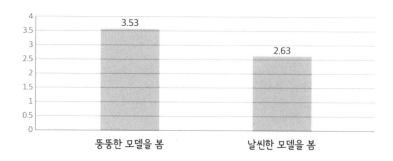

※ 수치는 5점에 가까울수록 자존심이 높은 것을 가리킨다
(출처: Smeesters, D., & Mandel, N., 2006)

한 그룹에 보여준 광고에는 무척 날씬한 여성이 모델로 나왔고, 다른 그룹에 보여준 광고에서는 무척 뚱뚱한 여성이 모델로 나왔습니다.

광고의 평가가 끝나고 모두에게 자신감을 측정하는 테스트를 받게 하자, 날씬한 모델을 보여준 그룹에서는 자신감이 떨어진 것을 알 수 있었습니다. 날씬한 여성과 자신을 비교하여 자신감을 잃고 말았겠죠.

이런 예도 있습니다.

2023년 3월에 개최된 월드 베이스볼 클래식(WBC). 결승전을 앞두고 로커룸에 모여 파이팅을 외치는 역할을 맡은 오타니 쇼헤이 선수는 가장 먼저 이런 말을 하였습니다.

"우러러보며 부러워하는 것은 그만둡시다."

이어서

"1루에는 골드슈미트가 있고, 센터를 보면 마이크 트라우트가 있고, 외야에는 무키 베츠가 있죠. 야구를 하다 보면 누구나 들어본 적 있는 선수들이 있을 겁니다. 동경만 해서는 뛰어넘을 수 없어요. 우리는 오늘 뛰어넘기 위해, 톱이 되기 위해 왔습니다. 오늘 하루만은 그들에 대한 동경을 버리고 이기는 것만 생각합시다."

이렇게 말하며 모두를 격려했습니다.

결과는 여러분이 아는 대로 지난 우승국인 미국을 3대 2로 물리치고, 일본 대표팀은 3대회 만에 우승을 거머쥘 수 있었습니다.

43

외로움을 떨치기 위한 SNS가

당신을 괴롭힌다

X(구 트위터), 인스타그램, 틱톡, 페이스북…….

세상에는 SNS가 넘쳐납니다. 자신의 계정이 하나도 없는 사람은 거의 없지 않을까 싶을 만큼 인기죠.

이 SNS가 우리에게 악영향을 미치고 있다는 것을 밝힌 연구를 세 가지 소개하겠습니다.

오스트레일리아에 있는 플린더스 대학교의 그레이스 홀랜드는 SNS에서 날씬하고 매력적인 사람들의 사진을 많이 보면, 자신의 몸에 대한 이미지가 나빠져 섭식장애를 일으키기 쉽다고 보고하였습니다.

SNS를 하다 보면, 자신의 친구가 무엇을 하고 있는지 쉽게 알 수 있으므로, 그때마다 질투심을 느끼게 됩니다.

"좋겠다, 친구는 여행 갔구나……."

"얘는 친구가 많아서 좋겠다……."

"이 친구는 오늘 술 모임에 나갔네……."

무심코 이런 생각을 할 때가 많겠죠. 쓸데없이 심리적 스트레스를 느낄 뿐이므로 처음부터 안 하는 것이 낫다는 게 저의 견해입니다.

만약 SNS를 완전히 끊기가 불안하다면 일단 일주일 동안이라도 실험적으로 'SNS 디톡스'를 해보면 어떨까요? 만약 일주일 동안 중단하고도 SNS를 계속 사용하고 싶다면 다시 하면 됩니다.

일주일 중단으로 인생 만족도 상승

코펜하겐 대학교의 모텐 트롬홀트는 1,095명의 참가자에게 부탁하여 일주일만 페이스북을 중단하게 했습니다.

그러자 일주일 뒤에는 인생 만족도와 긍정적인 기분이 크게 증진되는 것을 관찰했습니다. 인스타나 페이스북을 하면 다른 사람과 자신을 자꾸만 비교하게 되고, 비교 때문에 멘탈이 약해집니다.

SNS를 중단하면 다른 사람이 무엇을 하든 전혀 신경 쓰지 않게 됩니다. 타인의 눈을 신경 쓸 일도 없습니다.

피츠버그 대학교의 브라이언 프리맥은 19세부터 32세의 미국 전역에 사는 사람을 대상으로 조사하여 11개의 소셜미디어(페이스북, 엑스, 인스타그램 등)를 빈번하게 하는 사람은 사회적 고립을 느끼지 않는 것이 아니라, 오히려 '고립을 느끼기 쉬워진다'는 놀라운 결과를 보고하였습니다.

외로운 사람은 SNS로 외로움을 떨쳐내려고 하겠지만, 실제로는 더욱 고립감을 느끼는 일이 벌어지는 것입니다.

SNS를 중단할까 말까에 대한 판단은 자신의 마음에 물어보세요. "왠지 너무 피곤해"라고 느낀다면 중단하는 것이 최선입니다. 완전히 중단하는 것이 불안하다면 적어도 사용 빈도를 줄이도록 해보세요.

44

엄격한 나만의 규칙을
설정해 보자

미국의 어느 학교가 매우 큰 혼란에 빠지고 말았어요. 왕따와 기물 파손 같은 폭력 행위는 일상다반사고, 기본적으로 존경해야 할 선생님에게조차 폭언을 퍼붓고 폭력을 휘두르는 일이 벌어진 거죠. 그런데 어떤 제도를 시행한 결과, 폭력 행위가 크게 격감하였습니다.

바로 '제로 톨레랑스 원칙'이라는 법률을 도입한 것인데요. '톨레랑스'란 참을성과 인내심, 관용이라는 의미예요. '제로 톨레랑스 원칙'이란 '나쁜 사람에게는 절대 관용을 베풀지 않는다'라는 규칙으로, 학생이 무언가 문제를 일으키면 주의나 지도를 하는 것이 아니라 한 번에 퇴학시켜 버리는 엄격한 규칙입니다.

처음에는 말로 지도하고 그래도 규칙을 지키지 않으면 정학 처분을 내리고, 그래도 안 된다면 그제야 퇴학시키는 식으로 서서히 엄격한 처벌을 내렸어요. 하지만 제로 톨레랑스 원칙을 시행하면서부터는 처음부터 가차 없이 아웃시켜 버렸습니다.

"그건 너무 심하다"라며 여러모로 비판도 받았지만, 다행인지 불행인지 혼란스럽던 학교는 신기하게도 원래대로 돌아갔습니다.

목표를 달성하지 못하면 '좋아하는 것'을 누릴 수 없다는 규칙

총기가 자신의 몸을 지킬 리도 없는데 미국에서는 자기 보호를 이유로 총기 사용이 만연해 있죠. 워싱턴 대학교의 피터 커밍스는 총기가 오히려 살인이나 자살에 쓰이는 일이 많은 것에 주목했습니다.

1989년 플로리다주에서 총기 구입을 엄격하게 규제하는 법률이 만들어졌고, 그 후 아이오와주, 코네티컷주에서도 같은 법률이 시행되게 되었습니다. 커밍스는 그런 주에서 총기에 의한 사고가 어떻게 달라졌는지 통계 조사를 해보았습니다.

그러자 엄격한 법률로 규제를 강화한 뒤부터 총기에 의한 사망률이 연간 23%나 줄어든 것을 확인했습니다.

엄격한 규칙을 세우는 것은 결코 나쁜 일이 아닙니다. 만약 당신이 어떻게든 하고 싶은 일이 있다면, 극단적으로 엄격한 규칙을 세워보는 것은 어떨까요? 예를 들면 달성하고 싶은 목표와 '좋아하는 것'을 세트로 만드는 것입니다.

"금연을 지키지 못하면 좋아하는 술을 한 방울도 마시지 않겠다."

"한 달에 3kg을 빼지 못하면 다음 달에 예정된 여행은 취소하겠다."

"매출 목표를 달성하지 못하면 애용하는 시계를 후배에게 양도하겠다."

포기해야 하는 것이 절실하게 좋아하는 것일수록 효과도 커집니다. 필사적으로 목표 달성을 위해 틀림없이 노력할 테니까요.

항상 이런 규칙을 세우면 피로가 쌓이기만 할 것이므로 어떻게든 달성하고 싶은 목표가 있을 때 '제로 톨레랑스 원칙'을 활용해봅시다. 엄격하면 엄격할수록 큰 성취감을 맛볼 수 있고 이는 곧 자신감으로도 이어질 거예요.

45

자기 암시로

이상적인 나를 만들자

마이크로소프트의 창시자 빌 게이츠는 어린 시절부터 쭉 나폴레옹을 존경했다고 합니다. "나도 나폴레옹처럼 될 거야"라는 마음이 자기 암시로 작용하여 그것이 빌 게이츠에게 성공을 안겨주었을지도 모릅니다.

판화가 무나카타 시코도 어린 시절 고흐의 그림을 보고 감격하여 "나는 고흐가 될 거야"라고 주위에 말했다고 합니다.

이처럼 존경하는 사람과 자신을 동일시하는 것은 자신감을 키우는 데 매우 도움이 되는 방법이므로 꼭 실천해 보세요.

자기 암시라고 해도 그리 어렵지 않습니다. "나는 ○○다"라고 몇 번이고 반복해서 떠올리면 됩니다.

다만 한두 번 "나는 ○○다"라고 말하는 것만으로는 효과가 생기지 않습니다. 정말 자신이 존경하는 사람처럼 느껴질 때까지 반복해 보세요.

연주 능력도 수학 실력도 상승한다

모스크바 대학교의 울라지미르 라이코프는 자기 암시에 대하여 재미있는 연구를 하였습니다.

먼저 라이코프는 참가자들에게,

"나는 러시아의 작곡가 세르게이 라흐마니노프다."
"나는 오스트라이 출신의 천재 바이올리니스트, 프리츠 크라이슬러다."

하는 식으로 자기 암시를 건 다음, 악기를 연주하게 하여 그 연주를 전문가에게 평가하도록 했습니다.

그러자 암시를 걸 때 훨씬 고득점을 받은 것이 밝혀졌습니다. 자기 암시에 의해 갑자기 악기 연주도 능숙해진 것입니다.

라이코프는 이어서,

"나는 프랑스의 수학자 앙리 푸앵카레다."
"나는 러시아의 수학자 안드레이 콜모고로프다."

하는 암시를 건 다음 수학 문제를 풀게 하자, 역시 득점이 상승하는 것을 알아냈습니다.

자기 암시는 당신이 생각하는 것보다 더 강력한 효과를 발휘합니다. "거짓말 같은데"라고 생각하는 사람이 있을지도 모르지만,

아무튼 한 번은 시험해 보길 바라요. 엄청난 효과에 놀랄 것입니다.

"나는 ○○다"라고 일을 잘하는 선배나 상사의 얼굴을 떠올리고 자기 암시를 걸면 일을 척척 해낼 수 있을지도 모르겠네요.

콤플렉스는 2주일이면 사라진다

우리는 누구나 몇 가지 콤플렉스를 갖고 있습니다. 코가 크다든가, 키가 작다든가, 털이 많다든가 내용은 사람마다 다르지만요. 마지막으로 그러한 콤플렉스를 날려버리는 방법을 알려드리겠습니다.

캐나다에 있는 맥길 대학교의 앨리슨 켈리는 '여드름으로 고민하는 사람'을 온라인과 신문을 통해 모집했습니다. 그러자 18세부터 38세까지 75명이 실험에 참여해 주기로 하였습니다.

켈리가 참가자들에게 요청한 것은 자기 나름대로 콤플렉스를 날려버릴 말을 생각하게 하고, 그 말을 하루에 세 번 소리 내어 크게 말하도록 한 것입니다. 이것을 2주일 동안 하게 했습니다.

참고로 참가자들이 생각한 말은 다음과 같습니다.

"누구나 여드름이 생기면 고민할 테니 내 고민은 평범하다."

"만약 친구에게 여드름이 생겨도 나는 그 친구를 싫어하지 않는다. 마찬가지로 친구들 역시 여드름 때문에 나를 싫어하지 않을 것이다."

"여드름이 있다고 타인에게 거절당하다니 말도 안 된다."

2주일의 실험 기간이 끝나고 조사하자, 마법처럼 콤플렉스가 사라지고 우울한 기분이 감소하였으며 여드름에 대한 부끄러움도 개선되었습니다. 자신에게 용기를 주는 말을 소리 내어 말하는 작전은 대성공을 거두었습니다.

° 하루에 세 번 소리 내어 자기 암시하기

콤플렉스를 나열하는 것은 가능해도 좀처럼 이것을 날려버릴 말이 떠오르지 않는 사람도 있을지 몰라요.

그럴 때는 자기 계발서 같은 책을 읽고 참고할 만한 말을 찾아보는 것도 좋은 아이디어예요. 마음에 든 문구를 찾아 따로 메모해 두고, 그 문구를 하루에 세 번 소리 내어 말해보는 것입니다.

"월급이 적다고 애인이 생기지 않을 리가 없다."

"학력이 낮다고 바보 취급당하는 일은 없다."

"이혼한 사람은 세상에 얼마든지 있다."

이러한 말을 몇 번이든 입 밖으로 내면 어느새 콤플렉스도 한결 누그러질 것입니다.

맺음말

나의 인생은 내가 주인공이므로 본래는 <u>스스로</u> 무엇이든 정할 수 있어야 합니다. 그런데 다양한 외적 요인이 우리를 그렇게 놔두지 않습니다.

자신의 속도가 흐트러지는 것.

이것은 우리의 멘탈에 많은 영향을 미칩니다.

이 책에서는 그런 고민을 하는 사람에게 자신의 마음과 속도를 지키는 데 필요한 노하우를 전하고 있습니다. 이 노하우를 실천하여 무엇에도 휘둘리지 않고 꿋꿋하게 조금이라도 가볍게 지낼 수 있기를 바랍니다.

모쪼록 여러분이 자신의 인생을 쾌적하게 살 수 있으면 좋겠습니다.

마지막으로 하나만 더 조언할게요.

남에게 휘둘리지 않는 것은 중요하지만, 그렇다고 해서 자기중심적으로 제멋대로 남을 휘둘러도 안 돼요. 이것은 확실히 기억해 두어야 합니다.

예를 들어 다 같이 여행지를 정할 때, 다른 사람들이 왠지 '바다'에 가고 싶은 얼굴을 하고 있는데 혼자만 "산이야, 산. 반드시 산에 가야 해" 하는 식으로 떼를 쓰면 다른 사람들을 질리게 만들 거예요.

또는 다 같이 식사를 하려는 분위기가 되었을 때, 다른 사람들이 이탈리안

레스토랑에 가고 싶은 뉘앙스를 풍기는 데도 눈치 없이 혼자만 "역시 중국집이지, 중국집!" 하고 억지를 부리면 다른 사람들은 괴로운 마음이 들 것입니다.

이런 때는 그냥 다른 사람들에게 휩쓸려도 괜찮지 않을까요?

상황에 따라 주변 분위기에 휩쓸릴지 말지 정하고 유연하게 대응하는 것. 인간관계를 원만하게 하기 위해서 이 정도는 반드시 필요합니다. 자기주장을 펼쳐야 할 때가 있는가 하면, 하지 않고 넘기는 편이 나은 경우도 현실에는 종종 있기 때문입니다.

자신의 페이스를 너무 의식한 나머지 당신이 타인의 페이스를 흐트러뜨리는 사람이 되지는 않았는지 돌아보며 조심해야 합니다.

이 책을 집필하면서 도쿠마쇼텐의 노마 유키 씨에게 신세를 졌습니다. 이 자리를 빌려 감사드립니다.

또 마지막까지 읽어 주신 독자 여러분에게도 감사드립니다. 진심으로 고맙습니다. 또 다른 기회로 만나 뵙기를 바라며 펜을 놓으려고 합니다.

나이토 요시히토

참고 문헌

- Abdel-Khalek, A. M., & El-Yahfoufi, N. 2005 Wealth is associated with lower anxiety in a sample of Lebanese students. Psychological Reports,96, 542-544.

- Alden, L., & Cappe, R. 1981 Nonassertiveness: Skill deficit or selective self-evaluation? Behavior Therapy,12, 107-114.

- Ardoin, S. P., Williams, J. C., Klubnik, C., & McCall, M. 2009 Three versus six rereading of practice passages. Journal of Applied Behavior Analysis, 42, 375-380.

- Aucouturier, J. J., Johansson, P., Hall, L., Segnini, R., Mercadié, L., & Watanabe, K. 2016 Covert digital manipulation of vocal emotion alter speakers' emotional states in a congruent direction. Proceedings of the National Academy of Sciences of the United States of America,114, 948-953.

- Austin, J., Weatherly, N. L., & Gravina, N. E. 2005 Using task clarification, graphic feedback and verbal feedback to increase closing-task completion in a privately owned restaurant. Journal of Applied Behavior Analysis,38, 117-120.

- Barnett, N. P., Tidey, J., Murphy, J. G., Swift, R., & Colby, S. M. 2011 Contingency management for alcohol use reduction: A pilot study using a transdermal alcohol sensor. Drug and Alcohol Dependence,118, 391-399.

- Barton, J., & Pretty, J. 2010 What is the best dose of nature and green exercise for improving mental health? A multi-study analysis. Environmental Science & Technology, 44, 3947-3955.

- Bonanno, G. A. 2008 Loss, trauma, and human resilience:Have we underestimated the human capacity to thrive after extremely aversive events? Psychological Trauma: Theory, Research, Practice, and Policy,S, 101-113.

- Boterberg, S. & Warreyn, P. 2016 Making sense of it all: The impact of sensory processing sensitivity on daily functioning of children. Personality and Individual Differences,92, 80-86.

- Bridges, F. S., & Coady, N. P. 1996 Affiliation, urban size, urgency, and cost of responses to lost letters. Psychological Reports,79, 775-780.

- Briñol, P., Petty, R. E., & Wagner, B. 2009 Body postures effects on self-evaluation: A self-validation approach. European Journal of Social Psychology,39, 1053-1064.

- Brown, G., & Baer, M. 2011 Location in negotiation: Is there a home field advantage? Organizational Behavior and Human Decision Processes,114, 190-200.

- Brown, H. N., Saunders, R. B., & Dick, M. J. 1999 Preventing secondary pregnancy in adolescents: A model program. Health Care for Women International,20, 5-15.

- Brown, S., Taylor, K., & Price, S. W. 2005 Debt and distress: Evaluating the psychological cost of credit. Journal of Economic Psychology,26, 642-663.

- Buehler, R., Griffin, D., & Ross, M. 1994 Exploring the "Planning Fallacy": Why people underestimate their task completion times. Journal of Personality and Social Psychology, 67, 366-381.

- Burgio, L., Scilley, K., Hardin, J. M., Hsu, C., & Yancey, J. 1996 Environmental "White Noise": An intervention for verbally agitated nursing home residents. Journal of Gerontology: Psychological Sciences,51B, 364-373.

- Cash, T. F., Dawson, K., Davis, P., Bowen, M., & Galumbeck, C. 1989 Effects of cosmetics use on the physical attractiveness and body image of American college women. Journal of Social Psychology,129, 349-355.

- Collins, S. A., & Missing, C. 2003 Vocal and visual attractiveness are related in women. Animal Behaviour,65, 997-1004.

- Coulthard, P., & Fitzgerald, M. 1999 In God we trust? Organised religion and personal beliefs as resourses and coping strategies, and their implications for health in parents with a child on the autistic spectrum. Mental Health, Religion & Culture,2, 19-33.

- Cummings, P., Grossman, D. C., Rivara, F. P., & Koepsell, T. D. 1997 State gun safe storage laws and child mortality due to firearms. Journal of the American Medical Association, 278, 1084-1086.

- Davis, M. H., & Harvey, J. C. 1992 Declines in major league batting performance as a function of game pressure: A drive theory analysis. Journal of Applied Social Psychology, 22, 714-735.

- Deci, E. L., Betley, G., Kahle, J., Abrams, L., & Porac, J. 1981 When trying to win: Competition and intrinsic motivation. Personality and Social Psychology,7, 79-83.

- Doll, J., Livesey, J., McHaffie, E., & Ludwig, T. D. 2007 Keeping an uphill edge: Managing cleaning behaviors at a ski shop. Journal of Organizational Behavior Management,27, 41- 60.

- Feldman, D. C., & Leana, C. R. 2000 A study of reemployment challenges after downsizing. Organizational Dynamics,29, 64-75.

- Flynn, F. J., & Lake, V. K. B. 2008 If you need help, just ask: Understanding compliance with direct requests for help. Journal of Personality and Social Psychology,95, 128-143.

- Garrison, K. E., Tang, D., & Schmeichel, B. J. 2016 Embodying power: A preregistered replication and extension of the power pose effect. Social Psychological and Personality Science,7, 623-630.

- Gerhart, B., & Rynes, S. 1991 Determinants and consequences of salary negotiations by male and female MBA graduates. Journal of Applied Psychology,76, 256-262.

- Groysberg, B., & Lee, L. E. 2008 The effect of colleague quality on top performance: The case of security analysts. Journal of Organizational Behavior,29, 1123-1144.

- Hamilton, S. K., & Wilson, J. H. 2009 Family mealtimes. Worth the effort? Infant, Child, & Adolescent Nutrition,1, 346-350.

- Henagan, S. C., & Bedeian, A. G. 2009 The perils of success in the workplace: Comparison target responses to coworkers' upward comparison threat. Journal of Applied Social Psychology,39, 2438-2468.

- Henley, A. J., & Reed, F. D.D. 2015 Should you order the feedback sandwich? Efficacy of feedback sequence and timing. Journal of Organizational Behavior Management,35, 321-335.

- Hodge, K., & Smith, W. 2014 Public expectation, pressure, and avoiding the choke: A case study from elite sport. The Sport Psychologist,28, 375-389.

- Holland, G., & Tiggemann, M. 2016 A systematic review of the impact of the use of social networking sites on body image and disordered eating outcomes. Body Image,17, 100- 110.

- Houston, J. M., Harris, P. B., Moore, R., Brummett, R., & Kametani, H. 2005 Competitiveness among Japanese, Chinese, and American undergraduate students. Psychological Reports,97, 205-212.

- Jamieson, J. P., Mendes, W. B., Blackstock, E., & Schmader, T. 2010 Turning the knots in your stomach into bows: Reappraising arousal improves performance on the GRE. Journal of Experimental Social Psychology,46, 208-212

• Joel, S., Teper, R., & MacDonald, G. 2014 People overestimate their willingness to reject potential romantic partners by overlooking their concern for other people. Psychological Science, 25, 2233-2240.

• Jordet, G. 2009 Why do English players fail in soccer penalty shootouts? A study of team status, self-regulation, and choking under pressure. Journal of Sports Sciences,27, 97-106.

• Kang, S. K., DeCelles, K. A., Tilcsik, A., & Jun, S. 2016 Whitened Résumés: Race and self-presentation in the labor market. Administrative Science Quarterly,61,469-502.

• Karr-Wisniewski, P., & Lu, Y. 2010 When more is too much:Operationalizing technology overload and exploring its impact on knowledge worker productivity. Computers in Human Behavior,26, 1061-1072.

• Kelly, A. C., Zuroff, D. C., & Shapira, L. B. 2009 Soothing oneself and resisting self- attacks: The treatment of two intrapersonal deficits in depression vulnerability. Cognitive Therapy and Research 33, 301-313.

• Kerr, S. 1975 On the folly of rewarding A, while hoping for B. Academy of Management Journal,18, 769-783.

• Lee, E. H., & Schnall, S. 2014 The influence of social power on weight perception. Journal of Experimental Psychology:General,143, 1719-1725.

• Legrand, F. D., & Apter, M. J. 2004 Why do people perform thrilling activities? A study based on reversal theory. Psychological Reports, 94, 307-313.

• Levinson, W., Roter, D. L., Mullooly, J. P., Dull, V. T., & Frankel, R. M. 1997 Physician- patient communication: The relationship with malpractice claims among primary care physicians and surgeons. Journal of the American Medical Association,277, 553-559.

• Levitt, M. J., Silver, M. E., & Franco, N. 1996 Troublesome relationships: A part of human experience. Journal of Social and Personal Relationships,13, 523-536.

• Lucas, J. L., & Heady, R. B. 2002 Flextime commuters and their driver stress, feelings of time urgency, and commute satisfaction. Journal of Business and Psychology,16, 565- 572.

• Marks, M., & Harold, C. 2011 Who asks and who receives in salary negotiation. Journal of Organizational Behavior,32, 371-394.

• Martin, J. J., Pamela, A. K., Kulinna, H., & Fahlman, M. 2006 Social physique anxiety and muscularity and appearance cognitions in college men. Sex Roles,55, 151-158.

• McFall, R. M., & Marston, A. R. 1970 An experimental investigation of behavior rehearsal in assertive training. Journal of Abnormal Psychology,76, 295-303.

• Medvec, V. H., Madey, S. F., & Gilovich, T. 1995 When less is more: Counterfactual thinking and satisfaction among Olympic medalists. Journal of Personality and Social Psychology,69, 603-610.

• Mesagno, C., Marchant, D., & Morris, T. 2009 Alleviating choking: The sounds of distraction. Journal of Applied Sport Psychology,21, 131-147.

• Muehlenhard, C. L., & Hollabaugh, L. C. 1988 Do women sometimes say no when they mean yes? The prevalence and correlates of women's token resistance to sex. Journal of Personality and Social Psychology,54, 872-879.

- Mueller, J. S., Goncalo, J. A., & Kamdar, D. 2011 Recognizing creative leadership: Can creative idea expression negatively relate to perceptions of leadership potential? Journal of Experimental Social Psychology 47, 494-498.

- Nasco, S. A., & Marsh, K. L. 1999 Gaining control through counterfactual thinking. Personality and Social Psychology Bulletin, 25, 556-568.

- Nauroth, P., Gollwitzer, M., Bender, J., & Rothmund, T. 2014 Gamers against science: The case of the violent video games debate. European Journal of Social Psychology, 44, 104-116.

- Neff, L. A., & Broady, E. F. 2011 Stress resilience in early marriage: Can practice make perfect? Journal of Personality and Social Psychology,101, 1050-1067.

- Nyhus, E. K., & Pons, E. 2005 The effects of personality on earnings. Journal of Economic Psychology, 26, 363-384.

- Offer, D., & Schonert-Reicl, K. A. 1992 Debunking the myths of adolescence:Finding from recent research. Journal of American Academy of Child & Adolescent Psychiatry,31,1003-1014.

- Peskin, M., & Newell, E. N. 2004 Familiarity breeds attraction; Effects of exposure on the attractiveness of typical and distinctive faces. Perception,33, 147-157.

- Primack, B. A., Shensa, A., Sidani, J. E., Whaite, E. O., Lin, L., Rosen, D., Colditz, J. B., Radovic, A., & Miller, E. 2017 Social media use and Perceived social isolation among young adults in the United States. American Journal of Preventive Medicine,53, 1-8.

- Rabinowitch, T. C. & Knafo-Noam, A. 2015 Synchronous rhythmic interaction enhances children's perceived similarity and closeness towards each other. PLOS ONE, 10, e0120878.

- Raikov, V. L. 1976 The possibility of creativity in the active stage of hypnosis. International Journal of Clinical and Experimental Hypnosis,24, 258-268.

- Roberts, T. A., & Arefi-Afshar, Y. 2007 Not all who stand tall are proud: Gender differences in the proprioceptive effects of upright posture. Cognition and Emotion,21, 714-727.

- Ronen, S., & Baldwin, M. W. 2010 Hypersensitivity to social rejection and perceived stress as mediators between attachment anxiety and future burnout: A prospective analysis. Applied Psychology: An international review,59, 380-403.

- Rothbard, N. P., & Wilk, S. L. 2011 Waking up on the right or wrong side of the bed: Start-of-workday mood, work events, employee affect, and performance. Academy of Management Journal,54, 959-980.

- Schaller, M., Asp, C. H., Rosell, M. C., & Heim, S. J. 1996 Training in statistical reasoning inhibits the formation on erroneous group stereotypes. Personality and Social Psychology Bulletin, 22, 829-844.

- Schubert, T. W., & Koole, S. L. 2009 The embodied self: Making a fist enhances men's power-related self-conceptions. Journal of Experimental Social Psychology, 45, 828-834.

- Smeesters, D., & Mandel, N. 2006 Positive and negative media image effects on the self. Journal of Consumer Research,32, 576-582.

- Snodgrass, S. E., Higgins, J. G., & Todisco, L. 1986 The effects of walking behavior on mood. Paper presented at the Annual Convention of the American Psychological Association.

- Stice, E., Spoor, S., Bohon, C., Veldhuizen, M., & Small, D. 2008 Relation of reward from food intake and anticipated food intake to obesity: A functional magnetic resonance imaging study. Journal of Abnormal Psychology,117, 924-935.

- Stone, M. R., Thomas, K., Wilkinson, M., Jones, A. M., Gibson, A. S. C., & Thompson, K. G. 2012 Effects of deception on exercise performance: Implications for determinants of fatigue in humans. Medicine and Science in Sports and Exercise,44, 534-541.

- Strack, F., Martin, L. L., & Stepper, S. 1988 Inhibiting and facilitating conditions of the human smile: A nonobtrusive test of the facial feedback hypothesis. Journal of Personality and Social Psychology,54, 768-777.

- Suedfeld, P., Roy, C., & Landon, P. B. 1982 Restricted environmental stimulation therapy in the treatment of essential hypertension. Behavior Research and Therapy,20, 553-559.

- Sunday Express. 2016 Feeling blue? Key to happiness is eating yellow food. October, 13.

- Sunstein, C. R., Bobadilla-Suarez, S., Lazzaro, S. C., & Sharot, T. 2017 How people update beliefs about climate change: Good news and bad news. Cornell Law Review,102, 1431- 1443.

- Tepper, B. J., Uhl-Bien, M., Kohut, G. F., Rogelberg, S. G., Lockhart, D. E., & Ensley, M. D. 2006 Subordinates' resistance and managers' evaluations of subordinates' performance. Journal of Management,32, 185-209.

- Tiger, J. H., & Hanley, G. P. 2006 Using reinforcer pairing and fading to increase the milk consumption of a preschool child. Journal of Applied Behavior Analysis,39, 399-403.

- Tromholt, M. 2016 The Facebook experiment: Quitting Facebook leads to higher levels of well-being. Cyberpsychology, Behavior, and Social Networking,19, 662-666.

- Twenge, J. M., Konrath, S., Foster, J. D., Campbell, W. K., & Bushman, B. J. 2008 Egos inflating over time: A cross-temporal meta-analysis of the narcissistic personality inventory. Journal of Personality,76, 875-901.

- VanWormer, J. J. 2004 Pedometers and brief e-counseling: Increasing physical activity for overweight adults. Journal of Applied Behavior Analysis,37, 421-425.

- Wedell-Wedellsborg, T. 2017 Are you solving the right problems? Harvard Business Review, January-February.

- Weitlauf, J. C., Smith, R. E., & Cervone, D. 2000 Generalization effects of coping-skills training: Influence of self-defense training on women's efficacy beliefs, assertiveness, and aggression. Journal of Applied Psychology,85, 625-633.

- Wilson, S. B., & Kennedy, J. H. 2006 Helping behavior in a rural and an urban setting: Professional and casual attire. Psychological Reports,98, 229-233.

- Wiltermuth, S. C., & Heath, C. 2009 Synchrony and cooperation. Psychological Science, 20, 1-5.

- Womble, M. N., Labbé, E. E., & Cochran, C. R. 2013 Spirituality and personality: Understanding their relationship to health resilience. Psychological Reports, 112, 706-715.

- Woolley, K., & Fishbach, A. 2017 A recipe for friendship: Similar food consumption promotes trust and cooperation. Journal of Consumer Psychology, 27, 1-10.